Träume besser verstehen

Michael Schredl

Träume besser verstehen

Eintauchen in die Kreativität der Nacht

Bibliografische Information der Deutschen Nationalbibliothek: Die Deutsche Nationalbibliothek verzeichnet diese Publikation in der Deutschen Nationalbibliografie; detaillierte bibliografische Daten sind im Internet über dnb.dnb.de abrufbar.

Verlag: BoD · Books on Demand GmbH, In de Tarpen 42, 22848 Norderstedt
Druck: Libri Plureos GmbH, Friedensallee 273, 22763 Hamburg

ISBN: 978-3-7597-5075-4

Coverimage Vorderseite: Image by Terranaut from Pixabay unter CC0-Lizenz („Creative Commons Zero; CC0-Inhalte")

Inhalt

Einleitung

Träume haben die Menschen schon immer fasziniert, und so ist es nicht verwunderlich, dass die Beschäftigung mit Träumen eine lange Tradition hat. Schon im Altertum wurde Traumdeutung praktiziert, z. B. in der Bibel deutet Joseph die Träume des Pharaos. Das erste Traumdeutungsbuch von Artimedoris von Daldis erschien bereits ca. 200 n. Chr. Heute gibt es sehr viele Ansätze, sich mit Träumen auseinanderzusetzen, ob das Ansätze nach Sigmund Freud oder C. G. Jung sind, oder die vielen moderneren Herangehensweisen. Auch die Wissenschaft hat einiges zum Verständnis von Träumen beigetragen.

Der im Buch vorgestellte Ansatz verlässt die Idee, dass Träume mittels Symbollexika (oder Traumdeutungswebseiten) oder von Expertinnen gedeutet werden können, sondern geht einen anderen Weg. Hier werden die Träume als Erlebnisse gesehen, aus denen man genauso gut lernen kann, wie aus Erlebnissen des Wachlebens: Wenn man was Unangenehmes erlebt hat, ob im Wachen oder im Traum, kann man sich die Fragen stellen: „Wie ist es dazu gekommen?" und „Was kann ich beim nächsten Mal anders machen?". Sie werden im weiteren Verlauf des Buches sehen, dass man mit einigen einfachen Schritten diese Fragen beantworten kann. Es gilt einige Traumbesonderheiten (z. B. Träume übertreiben Emotionen) zu berücksichtigen, oder Träume nicht zu wörtlich zu nehmen, weil sie ein allgemeines Thema betreffen und nicht genau die Situation oder die Personen, die im Traum vorkommen. Nach dem Vorstellen der Grundideen zur Traumarbeit werden wichtige psychologische Themen des alltäglichen Lebens angesprochen, z. B. „Vermeidung" oder „Mir wird alles zu viel." Die Träume packen diese alltäglichen Themen in sehr anschauliche und teilweise sehr beeindruckende Geschichten. Häufig ist es so, dass jeder Mensch seine ganz eigenen Bilder für diese Themen hat. Das ist auch der Hintergrund, dass das Buch nicht nach Traumthemen aufgebaut ist, sondern von den Themen ausgeht, die im Wachleben aktuell eine Rolle spielen. Das konkrete Arbeiten mit Träumen wird anhand von vier Schritten so angeleitet, dass Sie es selbständig durchführen können. Noch effektiver kann es sein, die Träume mit Gleichgesinnten zu bearbeiten. Die Beispiele zur Traumarbeit am Ende des ersten Teils des Buches vertiefen diese Schritte und zeigen auf, wie hilfreich die Arbeit mit Träumen sein kann.

Ich wünsche Ihnen viel Spaß beim Lesen dieses Buches.

Anmerkung:
Zur verbesserten Lesbarkeit wird nicht gegendert, sondern vorwiegend die weibliche Form verwendet.

Traumbeispiel zum Reinschnuppern

Die Träumerin (21 Jahre) hat das Manuskript des Buches gelesen und ihre Träume über eine Woche notiert. Wir hatten besprochen, dass es schön wäre zusätzlich zu den ausführlichen Traumgesprächen (Kapitel 7) ein kurzes Beispiel mit ihr zu bearbeiten. Damit soll zu Beginn des Buches ein erster Einblick gegeben werde, wie die vorgestellte Traumarbeit funktioniert.

T: „Meine beste Freundin aus der Schule und ich sind schwimmen gewesen im Rhein, und sie hatte einen Schwimmring um. Wir waren im Wasser und haben gequatscht. Ich bin nahe am Ufer geblieben, und wir haben uns weiter unterhalten. Dann ist sie weiter abgetrieben und relativ nah an der Brücke gewesen. Ich habe irgendwann realisiert, dass sie viel weiter im Wasser ist als ich, eben sehr nah an dieser Brücke, da ist es sehr tief, das bedeutet, sie wird ertrinken. Und ich habe mich dann entschieden, ihr das nicht zu sagen, dass sie dort ertrinken wird, damit sie keine Panik bekommt. Und weil ich sowieso nichts dagegen tun konnte, dass sie dort ertrinken wird. Dann war ich wach."

MS: „Wie ging es ihnen selbst im Traum?"

T: „Ich habe mich sehr hilflos gefühlt, im Traum, aber irgendwie auch nicht panisch. Ich wusste, dass ich ihr das nicht sagen soll, aber ich hatte, das klingt total böse, keine Angst um sie. Ich habe es akzeptiert, dass sie dort abtreibt."

MS: „Da gibt es, zumindest im Nachhinein, wenn Sie auf den Traum schauen so ein komisches Gefühl."

T: „Ja."

MS: „Dass Sie im Wachzustand anders reagiert hätten als jetzt im Traum."

T: „Ja. Ich hoffe, dass ich im Wachzustand nicht einfach akzeptiert hätte, dass sie abtreibt."

3

MS: „In der Regel hätte man auch im Traum irgendwas versucht. Das deutet möglicherweise darauf hin, dass der Traum sich nicht darauf bezieht, wie Sie handeln, wenn jemand in Not ist, sondern ein anderes Thema hat. Wenn Sie das Thema so anschauen, was ist das Grundthema von dem Traum? (Sie haben schon ein bisschen mehr Erfahrung mit den Themen.)"

T: „Tatsächlich finde ich es schwer, es in die vorgestellten Themen in dem Buch gut einzuordnen. Ich hatte es, als ich aufgewacht bin, spontan mit Auseinanderleben, was ja mit emotionaler Distanz zusammenhängt, sich auseinanderleben, assoziiert. Aber nicht auf meine beste Freundin bezogen, sie eher als „Stand-In" gesehen, mit ihr lebe ich mich gerade gar nicht auseinander.

MS: „Das Thema ist also Auseinanderleben. Dass die emotionale Distanz immer größer wird.

T: „Ja."

MS: „Und es ist auch ein Thema, dass Sie dem hilflos gegenüberstehen."

T: „Ja, und gleichzeitig auch okay finde, dass es so ist. Ich habe ja nicht versucht, sie zu retten.

MS: „Sie können eh nichts tun, also geht es auseinander. Und sie sagen, dass die Frau, die im Traum diese Rolle eingenommen hat, die beste Freundin von früher, mit der jetzt noch Kontakt da ist, nicht die Person ist, mit der das tatsächlich im Wachzustand stattfindet. Gibt es eine andere Person, bei der Sie den Eindruck haben, dass es in die Richtung geht?"

T: „Ja, tatsächlich schon, meine Mitbewohnerin, mit der ich jetzt drei Jahre zusammengelebt habe, die ist ausgezogen, und wir haben tatsächlich, seit sie ausgezogen ist, eigentlich gar keinen Kontakt mehr. Und ich melde mich sehr häufig bei ihr, aber sie meldet sich sehr selten zurück. Das beschäftigt mich in letzter Zeit schon viel. Weil wir uns drei Jahre lang jeden Tag gesehen haben."

MS: „Sie waren auch emotional in Kontakt?"

T: „Ja, von meiner Seite aus zumindest. Ich hatte immer das Gefühl, dass es eine Beziehung ist, die ihr viel gibt. Aber, es ist eine Person, mit der ich zurzeit emotional auseinanderdrifte."

MS: „Wie ist Ihr Erleben im Wachleben, eher traurig, oder …?"

T: „Lustigerweise ähnlich wie in dem Traum, manchmal, wenn ich darüber nachdenke, bin ich traurig, aber die meiste Zeit denke ich mir, ich es nicht erzwingen kann."

MS: „So ist es."

T: „Es ist okay."

Das Beispiel macht zwei Elemente der Herangehensweise deutlich. Das erste Element ist die Kreativität der Träume, ein abstraktes Thema (auseinanderdriften, größere emotionale Distanz) wird bildhaft dargestellt, d.h., im Traum ist es ein sichtbares Auseinanderdriften. Es ist auch spannend, dass die Wachsprache auch diese Metapher des Auseinanderdriftens verwendet. Der zweite Punkt ist die Idee des „Stand-in", das bedeutet, dass der Traum eine „Schauspielerin" verwendet, die für die Rolle gut passt, im Wachzustand ist es jedoch eine ganz andere Person, mit der solche Gefühle, wie sie im Traum erlebt wurden, verbunden sind.

Obwohl im Buch viele Themen (siehe Kapitel 5) dargestellt werden, um den Zusammenhang zwischen Traum und Wach besser zu verstehen, wird es immer Themen geben, die nicht aufgelistet sind. Doch die kurze Traumarbeit zeigt, dass das kein Problem ist, weil die Idee nach Grundmustern zu suchen und diese mit dem Wachleben in Beziehung zu setzen auch selbständig umgesetzt werden kann.

Nach diesem „Aufwärmen" geht es jetzt ganz konkret zum Stoff des Buches über.

1 | Was sind Träume?

Das Träumen lässt sich am einfachsten als subjektives Erleben im Schlaf beschreiben. Damit ist gemeint, dass wir während des Schlafes Dinge sehen, handeln, Gedanken und Gefühle haben, Empfindungen wahrnehmen, obwohl wir ganz entspannt im Bett liegen. Bei dieser Definition wird sofort klar, dass es wichtig ist, zwischen der Gehirnaktivität und dem Erleben zu unterscheiden. Es ist auch im Schlaf so, dass die Sprachzentren im Gehirn aktiv sind, wenn wir im Traum sprechen oder zuhören. Diese von außen messbare Aktivität sagt aber nur, dass diese Aktivität im Traum vorkommt, nicht jedoch, was gesprochen wird. Die einzige Möglichkeit an diese Erfahrungen heranzukommen, besteht daran, dass die träumende Person sich nach dem Aufwachen an das erinnern kann, was sie vor dem Aufwachen erlebt hat (siehe Kapitel 2 zur Traumerinnerung). Diese Unterscheidung zwischen Bewusstsein (das subjektive Erleben) und dem Gehirn als komplexes Organ mit sehr vielen Nervenzellen ist auch wichtig, wenn es um die Funktion von Träumen geht. Das Gehirn „schläft" während des Schlafes nicht, sondern hat viele Aufgaben, die für uns sehr wichtig sind, vom „Großputz" (Abtransport von Abfallprodukten aus dem Gehirn) bis hin zur Gedächtniskonsolidierung. Gedächtniskonsolidierung meint, dass Informationen, die tagsüber aufgenommen wurden, während des Schlafes noch einmal bearbeitet werden, so dass sie später besser erinnert werden können. Das sind Prozesse, die in den Nervenzellen „automatisch" ablaufen, das ist in der Regel nicht der Inhalt der Träume. Heute kann die Forschung klar sagen, dass der Schlaf sehr wichtige Funktionen hat. Ob das Träumen zusätzliche Funktionen hat, die darüber hinausgehen, ist bis heute noch eine offene Frage. Es ist durchaus denkbar, dass die Natur sich nicht die Mühe gemacht hat, das subjektive Erleben (das im Wachzustand für das Überleben der Menschheit extrem wichtig war und ist) nachts abzuschalten. Aber das heißt nicht, dass es nicht sehr hilfreich sein kann, sich mit den Träumen zu beschäftigen, an die man sich erinnern kann – selbst wenn dem Träumen während des Schlafes keine biologische Funktion zukommt.

Es gibt Autorinnen, die bezeichnen Träume als Symbolsprache, als Ausdruck des Unbewussten usw. Dabei werden die Träume von außen betrachtet, und natürlich eine bestimmte Herangehensweise an das Träumen damit verbunden. Wenn man sich allerdings in die Perspektive des Traum-Ichs versetzt, sind Träume ganz einfach Erlebnisse, die genauso intensiv erlebt werden wie im Wachzustand. In den allermeisten Träumen denken wir im Traum, dass wir wach sind und alles, was sich abspielt „real" ist. Diese Sichtweise hilft auch beim Verständnis der Träume, da man keine Symboldeutungen oder komplexe Modelle braucht, wie das Unterbewusstsein funktioniert, sondern aus den Träumen genauso gut lernen kann wie aus den Wacherlebnissen.

Es gibt tatsächlich Träume, in denen sich die Träumerin während des Traumes bewusst ist, dass sie träumt. Diese Träume werden als luzide Träume oder auch Klarträume bezeichnet. Dieser sehr spannende Bewusstseinszustand ist sowohl für die Forschung interessant als auch für die Person, die träumt. Geübte Klarträumerinnen können alles machen, was ihnen Spaß macht, wie Fliegen, durch Wände gehen, aber auch sportliche Fähigkeiten trainieren oder Alpträume bewältigen. Eine gute Einführung in das Thema bietet das kleine Büchlein „Anleitung zum Klarträumen – Die nächtliche Traumwelt selbst gestalten" von Daniel Erlacher. Hier im Buch liegt der Schwerpunkt auf den „normalen", nicht-luziden Träumen.

2 | Traumerinnerung

Heute geht die Forschung davon aus, dass das Träumen als subjektives Erleben während des Schlafes immer vorhanden ist, beim Einschlafen, im normalen Schlaf, im Tiefschlaf und im so genannten REM-Schlaf (Schlafstadium mit schnellen Augenbewegungen unter den geschlossenen Augendeckeln). Es gibt bisher keine Daten, die zeigen, dass dieses Erleben, das im Wachzustand auch immer vorhanden ist, irgendwann abreißt. Die einzige Möglichkeit, an das Traumerleben heranzukommen, besteht daran, dass die träumende Person sich nach dem Aufwachen an das erinnern kann, was sie vor dem Aufwachen erlebt hat. Dass dieses Erinnern nicht immer einfach ist, wissen viele Menschen aus eigener Erfahrung. Selbst, wenn ein Traumbild da ist, ist es nach einmal Umdrehen wieder vergessen, d.h., die Traumerinnerung ist sehr flüchtig. Woran liegt das? Anschaulich lässt sich das so erklären, dass das Gehirn – als biologisches Organ – vom Schlafzustand in den Wachzustand umschalten muss. Gerade die Gedächtniskonsolidierung erfordert, dass das Gehirn im Schlaf ganz anders arbeitet als im Wachzustand. Die Information, die tagsüber aufgenommen wurde, wird hervorgeholt und verbessert abgespeichert. Im Wachzustand hat das Gehirn ganz andere Aufgaben: Aktuelle Information wird aufgenommen und bewertet; man muss reagieren, handeln, Pläne schmieden und vieles mehr. Dazu kommt noch, dass das Gehirn keine Maschine, sondern ein biologisches Organ ist. Das Umschalten geht nicht schlagartig wie bei einem elektrischen Schalter (auch wenn man den Eindruck hat, von einem Moment zum nächsten wach zu werden), sondern das Gehirn braucht seine Zeit. Je nachdem, wie lange und wie tief man geschlafen hat, kann das einige Minuten dauern, bis die „Maschine" auf Hochtouren läuft. Wir haben beispielsweise Gedächtnisaufgaben sofort nach einer Weckung in der Nacht (Schlaflaborstudie) präsentiert, da waren die Leistungen alles andere als gut, weil in dem Übergang vom Schlaf zum Wachen das Gedächtnis nicht so gut funktioniert wie im normalen Wachzustand tagsüber. Dieses Umschalten erklärt, warum es so schwierig sein kann, Träume (das Erleben während des Schlafes) mit in den Wachzustand hinüberzunehmen. Weiter unten werden Sie erfahren, dass diese Fähigkeit – trotz aller Schwierigkeiten – trainiert werden kann. Der Unterschied zwischen Schlaf- und Wachmodus des Gehirns bietet auch eine gute Erklärung, dass unser Gedächtnis für Träume, auch wenn wir sie am Morgen erinnert haben, nicht so gut ist wie für Wacherlebnisse. Das scheint die Natur auch gut eingerichtet zu haben, weil es ein furchtbares Chaos erzeugen könnte, wenn wir uns an alle Träume genauso gut erinnern könnten wie an unsere Wacherlebnisse. Da könnten Fragen auftauchen wie: „Habe ich tatsächlich den Termin beim Arzt abgesagt, oder es nur geträumt." Oder „Habe ich die Aufgabe erledigt, z. B. eine Überweisung, oder war das Teil eines Traumes." Es kann tatsächlich, besonders bei sehr realistischen Träumen, zu Verwechslungen kommen, doch bei den allermeisten Menschen ist das extrem selten.

Bevor es zu den Tipps geht, mit denen man die Traumerinnerung verbessern kann, soll ein Mythos angesprochen werden, der sich hartnäckig hält, aber schlichtweg falsch ist. Gerade in der Anfangszeit der Traumforschung (1950er Jahre), als die ersten Studien in Schlaflaboren durchgeführt wurden, wurde behauptet, dass wir nur während der REM-Schlafphasen träumen. REM steht für Rapid Eye Movements (schnelle Augenbewegungen) und diese kennzeichnen dieses Schlafstadium, das in ca. 4 bis 6 Phasen über die Nacht auftritt und ca. 20% des Gesamtschlafes ausmacht. Das Gehirn ist in diesem Zustand sehr aktiv, vor allem die emotionalen Zentren, und bei gezielter Weckung aus diesem Schlafstadium (Studien, die im Schlaflabor durchgeführt werden) erhält man fast immer einen Traumbericht, während die Ausbeute bei Weckungen aus anderen Schlafstadien geringer ist. Doch spätere Studien zeigen, dass auch in anderen Schlafphasen geträumt wird, beim Einschlafen, im normalen Schlaf und sogar im Tiefschlaf. Die Annahme ist, dass das Gehirn länger braucht zum Umschalten, weil es in den anderen Schlafphasen nicht so aktiv ist, um ganz wach zu sein. Das macht es plausibel, warum es noch schwieriger ist, einen Traum zu erinnern, wenn man aus dem Tiefschlaf oder dem normalen Schlaf geweckt wird. Da die REM-Phasen am Anfang der Nacht eher kurz sind (ca. 10 bis 15 Minuten) und im Verlauf der Nacht länger werden (bis zu 45 Minuten), erleben viele Menschen, dass sie sich besser an Träume erinnern können, wenn sie länger schlafen (8 Stunden plus).

> **Merke**
>
> Wir haben immer subjektives Erleben, ob wir schlafen oder wach sind. So ist unser Gehirn gebaut, d.h., wir träumen immer und in jedem Schlafstadium. Das Bewusstsein schläft nicht.

Trotz der Tatsache, dass unser Bewusstsein in jeder Nacht aktiv ist, ist die Traumerinnerung von Mensch zu Mensch oder auch in verschiedenen Lebensphasen bei einer Person sehr unterschiedlich.

> **Info-Kasten: Traumerinnerung in Deutschland**
>
> Repräsentative Studien zeigen, dass die mittlere Traumerinnerung in Deutschland bei ca. einem Morgen pro Woche mit Traum liegt. Allerdings gibt es große Unterschiede, es gibt Menschen, die jeden oder fast jeden Morgen Träume erinnern können, andere haben schon seit Jahren keinen Traum erinnert. (Quelle: Schredl, 2008).

Die Forschung zeigt, dass es viele Faktoren gibt, die mit der Traumerinnerung zusammenhängen, wie beispielsweise die oben erwähnte Schlafdauer. So erinnern sich Frauen etwas häufiger an Träume als Männer, kreative Menschen etwas mehr als weniger kreative Menschen. Personen mit Schlafstörungen erinnern sich etwas mehr an Träume, weil sie nachts häufiger aufwachen. Doch insgesamt muss man festhalten, dass all diese Faktoren nur einen ganz kleinen Teil dieser Unterschiede in der Traumerinnerung aufklären, d.h., den Großteil der Unterschiede kann man nicht so einfach erklären. Dass solche stabilen Faktoren relativ wenig Einfluss auf die Traumerinnerung haben, liegt wahrscheinlich daran, dass die Traumerinnerung durch sehr einfache Methoden verbessert werden kann, also nicht am Geschlecht oder der Kreativität, sondern an der Aufmerksamkeit, die man den eigenen Träumen schenkt. In wissenschaftlichen Studien zeigt sich, dass eine einfache Ermunterung durch die Versuchsleiterin oder die Aufgabe, für zwei Wochen ein Traumtagebuch zu führen, die Traumerinnerung massiv steigern kann. Und hier können Sie auch ansetzen, wenn Sie sich mehr an Ihre eigenen Träume erinnern wollen.

Tipps zur Traumerinnerung

- Etwas zum Schreiben (oder ein Aufzeichnungsgerät) bereitlegen
- Vor dem Einschlafen den Vorsatz wiederholen, sich an Träume erinnern zu wollen
- Beim Aufwachen (nachts oder morgens) sich etwas Zeit nehmen, um sich zurückzuerinnern.
- Falls eine Erinnerung da ist (sei sie noch so kurz), diese gedanklich durchgehen (wie ein Gedicht, das Sie auswendig lernen wollen), um die Gedächtnisspur zu verfestigen
- Aufschreiben oder Aufzeichnen (Audio) des Traumes

Die zwei Tipps, die sich auf den Abend beziehen (etwas bereitlegen, Vorsatz fassen), dienen dazu, sich auf den Moment des Aufwachens vorzubereiten, denn dieser Zeitpunkt ist relevant. Ideal wäre es, wenn man sofort nach dem Aufwachen den Traumbericht, zumindest in Stichworten, aufschreibt. Doch wenn man im warmen Bett liegt, möchte man nicht sofort aufspringen und aufschreiben. Da hilft der „Trick", den Traum in Gedanken ein paar Mal durchzugehen, z. B. die Personen, die vorgekommen sind, die Handlungen und die Gefühle. Dieses Wiederholen im Halbwachzustand verfestigt die Erinnerung und man kann den Traum dann später aufschreiben, oder ins Smartphone sprechen. Bei regelmäßigem Aufschreiben verbessert sich die Traumerinnerung immer mehr und man kann auf das Problem stoßen, dass man morgens gar nicht so viel Zeit hat, alle Träume festzuhalten. Das ist jedoch kein Problem, da die nächste Nacht wieder eine Fülle von neuen Träumen bringen wird. Eine kleine Anekdote aus meinem eigenen Erleben verdeutlicht, wie wichtig es ist, Träume so bald wie möglich aufzuschreiben: Eines Morgens habe ich mich gewundert, dass es einen Eintrag in meinem Traumtagebuch gab, ein kurzer Traum. Diesen hatte ich in einer kurzen nächtlichen Wachphase notiert und morgens keine Erinnerung mehr an den Traum und daran, dass ich den Traum aufgeschrieben habe.

Info-Kasten: Ist es gut oder schlecht, sich an Träume zu erinnern?

Es gab früher in Fachkreisen zwei Lager: Die einen haben gesagt, dass die Personen, die sich fast nie an Träume erinnern, Verdränger sind, also alles unter den Teppich kehren. Die andere Seite behauptete, dass die Menschen, die sich viel an Träume erinnern, im wahrsten Sinne des Wortes „Träumer" sind und nicht so gut mit dem realen Leben zurechtkommen. Heute wissen wir, dass beide Lager nicht recht haben, die Traumerinnerung hat nichts mit der psychischen Gesundheit zu tun, sondern mit dem Interesse an Träumen.

Das Phänomen, dass man während des Tages etwas sieht oder erlebt, das dazu führt, dass man sich an einen Traum der letzten Nacht erinnert, stellt die Forschung noch vor Rätsel. Das wird in der Fachsprache als „cued recall" bezeichnet, also eine Erinnerung, die durch einen Hinweisreiz erleichtert wird. Ich selbst kenne das aus eigener Erfahrung, z. B. habe ich ein bestimmtes Auto gesehen und dieses hat mich an einen Traum erinnert. Natürlich kann man sich nicht hundertprozentig sicher sein, dass das Gehirn einem nicht einen Streich spielt und man denkt, dass es ein Traum gewesen ist, obwohl das Bewusstsein diesen „Traum" gerade in dem Augenblick erzeugt hat. Aber wenn es so ist, dass Hinweisreize die Traumerinnerung verbessern, heißt das, dass Träume nicht wirklich ganz vergessen werden, sondern nur, dass es dem Wachbewusstsein sehr schwerfällt, sich an Träume zu erinnern.

3 | Von was träumen wir?

Wie im vorangegangenen Kapitel ausgeführt, werden Träume als Rückerinnerung an das Träumen definiert, dem subjektiven Erleben während des Schlafes. Weil es immer da ist, also bei jedem Menschen jede Nacht abläuft, stellt sich natürlich die Frage, warum wir träumen. Bevor es an diese Frage geht, an der sich die Wissenschaftlerinnen bisher die Zähne ausgebissen haben, wird in diesem Abschnitt die einfachere Frage beleuchtet: Was kommt im Traum alles vor? Zur Veranschaulichung sind in Graphik 1 einige wichtige Einflüsse auf den Trauminhalt dargestellt.

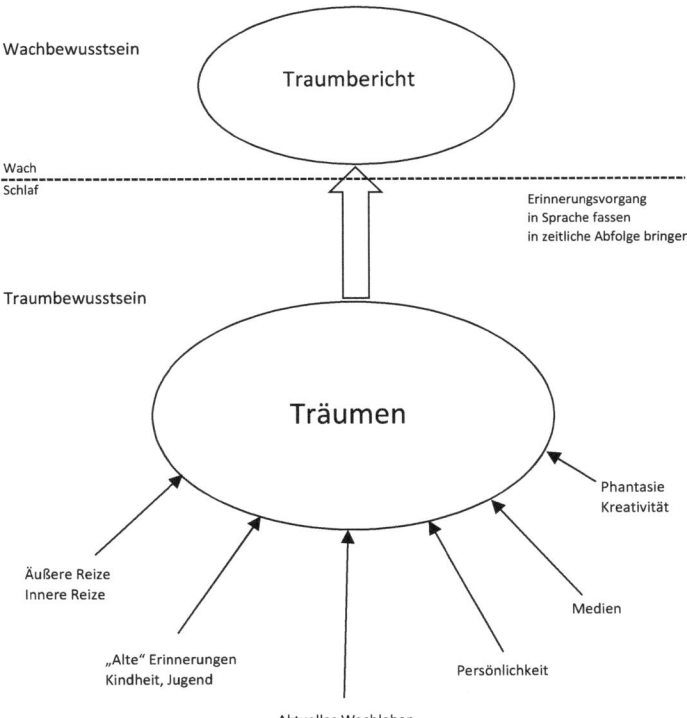

Graphik 1: Einflussfaktoren Trauminhalt

Zunächst ist es wichtig, sich zu verdeutlichen, dass man selbst (wie die Traumforscherinnen auch) keinen direkten Zugriff auf das Träumen hat, sondern der Traum oder Traumbericht die Rückerinnerung an das Träumen nach dem Aufwachen ist, also ein Erlebnisbericht. Beim Erinnern kann natürlich einiges verloren gehen, vor allem unwichtige Details oder Gedanken, die im Traum aufgetreten sind (so wie wir auch im Wachleben immer irgendwelche Gedanken haben). Es gab tatsächlich Forscherinnen, die davon ausgegangen sind, dass im Traum ganz wenig gedacht wird, man hauptsächlich im Handeln ist. Doch das liegt an der Schwierigkeit, sich an diese vielen Gedanken, die auch beim Träumen auftreten, zu erinnern. Ein Traumthema, bei dem das Denken, was andere denken könnten, eine große Rolle spielt, ist das Thema Nacktsein in der Öffentlichkeit. Die unangenehme Qualität kommt meistens nicht daher, dass einem im Traum ohne Kleidung kalt ist, sondern man befürchtet, dass die anderen Menschen einen negativ bewerten und denken, was ist denn das für einer oder eine? Stellen Sie sich vor, dass Sie im Traum an einem FKK-Strand sind, da würde sich niemand wundern, da ist es ganz normal. Anders ist das natürlich, wenn Sie in einer wichtigen Besprechung sitzen. Bei diesem Traumthema wird es deutlich, dass das Denken im Traum durchaus eine zentrale Bedeutung haben kann.

Ein weiteres Beispiel, wie wichtig es ist, den Erinnerungsfaktor im Auge zu haben, ist der hartnäckige Mythos, dass wir in schwarz-weiß träumen. Die ersten Studien dazu sind in der Schwarz-Weiß-Ära des Kinos und des Fernsehens (1930er bis 1950er-Jahre) publiziert worden. Vorher hat sich niemand darüber Gedanken gemacht, ob wir farbig oder schwarz-weiß träumen. In vielen Träumen spielen die Farben keine große Rolle für die Traumhandlung. Wir selbst konnten zeigen, dass Personen, die mit bunten Medien aufgewachsen sind, nur noch ganz selten glauben, dass Träume schwarz-weiß sind (Quelle: König u. a., 2017). Das heißt, der Mythos von den schwarz-weiß-Träumen ist dadurch zustande gekommen, dass die Menschen Träume mit Filmen verglichen haben und – da sie sich nach dem Aufwachen nicht an Farben erinnert haben – gedacht haben, es ist schwarz-weiß gewesen. Aber, das würde ja bedeuten, dass Bananen im Traum grau sind, ebenso Feuerwehrautos als auch Bäume oder Gesichter. Das wäre seltsam und würde einem wahrscheinlich im Traum schon auffallen.

Die Quintessenz dieser Forschung ist: Träume sind genauso bunt wie das Wachleben.

Eine weitere Aufgabe beim Traumerinnern ist das Ausformulieren (siehe Graphik 1): Ob der Traum erzählt, aufgezeichnet (Smartphone) oder aufgeschrieben wird, die Erlebnisse müssen in Worte gefasst werden. Bei manchen Träumen ist das ganz einfach, vor allem bei realistischen Träumen, aber es gibt auch Träume, in denen das Beschreiben sehr schwierig ist, z. B. wie fühlte man sich, als man durch die Luft geflogen ist? Oder wie beschreibt man etwas aus dem Traum, das man aus dem Wachleben nicht kennt? Da können einem buchstäblich die Worte fehlen, um die eigenen Erfahrungen so zu beschreiben, dass eine andere Person sie nachvollziehen kann. Selbst bei einfachen Träumen ist das In-Worte-fassen nicht immer einfach. Stellen Sie sich vor, Sie betreten im Traum ein recht voll besetztes Restaurant. Die kürzeste Fassung des Traumberichts wäre: „Ich gehe in ein Restaurant, in dem viele Gäste sind." Wenn Sie jedoch eine genaue Beobachterin sind, könnten sie aufzählen, wie viele Tische es sind, was die Gäste anhaben, was auf den Tellern ist, ob sie reden, fröhlich sind. Eine einfache Szene könnte schon einen halben Roman ergeben – was unpraktisch ist, wenn man morgens einen Traum aufschreiben möchte und nicht so viel Zeit dafür hat. Hier muss man Prioritäten setzen: Was wichtig ist, wird aufgeschrieben. Andere Dinge, die nicht so im Vordergrund stehen, sind dann im Traumbericht nicht immer enthalten (obwohl sie im Traum erlebt wurden).

Ähnlich ist es mit der zeitlichen Reihenfolge. Aus eigener Erfahrung weiß ich, dass es Träume gibt, meistens die längeren Träume, in denen nicht klar ist, zu welchem Zeitpunkt welche Szene aufgetreten ist. Das liegt daran, dass in manchen Träumen richtige Sprünge vorkommen, in denen man plötzlich wo ganz anders ist. Natürlich gibt es auch „glatte" Träume mit einem Handlungsstrang von Beginn bis zum Ende des Traums. Da ist es viel leichter, den Faden einigermaßen korrekt darzustellen.

Zusammenfassend lässt sich sagen: Träume sind Erlebnisberichte, die mehr oder weniger genau das Erlebte wiedergeben, die vorkommenden Personen, die wichtigsten Handlungen sind meist gut beschrieben und Bereiche, die eine untergeordnete Rolle spielen, sind teilweise unvollständig bzw. fehlen im Bericht völlig.

Der erste Einflussfaktor, der hier angesprochen werden soll und in Graphik 1 dargestellt ist, sind die äußeren und inneren Reize, die während des Schlafes auf die Träumerin einwirken. Der erste Traumforscher, der das explizit berichtet hat, war der Franzose Alfred Maury. Er hat sein Buch über Schlaf und Träume 1861 veröffentlicht. Er hatte einen langen Traum von den Wirren der französischen Revolution, der damit geendet hatte, dass er verurteilt und zur Guillotine geführt wurde. Gerade, als das Fallbeil seinen Nacken berührte, wachte er auf, geweckt durch einen Teil seines Himmelbettes, das ihm auf den Nacken fiel (glücklicherweise, ohne ihn zu verletzen). Da der Traum eine logische Abfolge bildete, glaubte er, dass der Traum rückwirkend in Sekundenschnelle beim Aufwachen entstanden ist. Das Bewusstsein hat die Geschichte zu dem Reiz des herabfallenden Bettteils, der als Guillotine interpretiert wurde, dazu gebastelt. Diese Idee, dass Träume blitzschnell im Aufwachprozess entstehen, konnte jedoch durch Laborforschungen widerlegt werden, die nach der Entdeckung des REM-Schlafs im Jahre 1951 durchgeführt werden konnten. Das Vorgehen ist relativ einfach: Während die Person im Schlaflabor schläft, wird ein Reiz, z. B. Geräusch oder Wassertropfen, präsentiert, natürlich nur leichte Reize, damit die Person nicht davon aufwacht. Dann wird die Person 30 oder 60 Sekunden später geweckt und gefragt, was sie geträumt hat. Das heißt, während des Aufwachens ist der Reiz nicht mehr da und die Person weiß auch nicht, ob etwas mit ihr gemacht wurde, weil die Studien immer auch eine Kontrollbedingung enthielten, in der nichts gemacht wurde. Nicht alle Reize kommen in den Träumen vor, doch die Traumberichte, in denen sie vorkommen (je nach Reiz ca. 10% bis 80%), belegen, weil sie häufiger zu finden sind als in Träume ohne Reizpräsentation, dass das Träumen sich im Schlaf abspielt. Im eigenen Bett (ohne Forscherinnen, die alles genau überwachen) werden solche Träume eher selten erinnert, da die Reizquelle nach dem Aufwachen ja noch da sein muss, sonst weiß man ja nicht, dass etwas von außen in den Traum eingebaut wurde. Hier ist ein Beispiel aus dem eigenen Erleben: Ich träumte, dass ich in einem Bus sitze, auf der hintersten Sitzbank und nach hinten rausschaue. Da sehe ich eine Katze, die laut miauend hinter dem Bus her rennt. Als ich aufwachte, war das Miauen immer noch zu hören, direkt vor dem Gesicht, eine meiner Katzen hatte sich morgens auf meine Brust gestellt und laut miaut, weil sie Futter haben wollte.

Neben den äußeren Einflüssen gibt es auch innere Reize, die sich auf den Trauminhalt auswirken können. So berichtete ein Forscher, dass er im Traum eine junge Dame über ein schlammiges Wegstück getragen hat, was ihm im Rücken weh tat. Als er aufwachte, tat sein Rücken tatsächlich weh. Wenn der Schmerz nach dem Aufwachen weg ist, ist die Wahrscheinlichkeit hoch, dass der Schmerz geträumt war, also aus der Erinnerung oder auch Phantasie (bei Schmerzen, die man noch nie erlebt hat) stammt. Wenn der Schmerz noch da ist, könnte der Reiz in den Traum einbaut worden sein, in einer kreativen Weise. Es gibt also mehrere Möglichkeiten, warum wir von Schmerzen träumen. Ein weiteres Beispiel, was häufig genannt wird, sind die Toilettenträume. Im Traum verspürt die Träumerin einen starken Harndrang, doch eine passende Toilette, die sauber, abschließbar etc. ist, ist nicht zu finden. Sie wacht auf, spürt real einen Harndrang. So scheint es zunächst plausibel, dass der Harndrang im Traum aufgegriffen wurde und den Traum beeinflusst hat. Aber, tatsächlich ist es nicht so einfach. Die Blase meldet sich schon, wenn sie zu ca. 30 % gefüllt ist, d.h., wenn die Person nicht aufgewacht wäre, wäre der Harndrang auch da. Er wird aber nicht wahrgenommen, sondern durch die Restkapazität der Blase genügt es, morgens auf die Toilette zu gehen. Die zweite Frage ist, warum dann nicht alle Träume von der Toilette handeln, weil die Blase nachts, besonders in den Morgenstunden, immer gut gefüllt ist. Sie werden in einem der folgenden Kapitel und in Traumarbeit 6 (Kapitel 7: Praktisches Vorgehen – Beispiele) sehen, dass Toilettenträume auch in einem ganz anderen Licht gesehen werden können: Sie können das Thema „zu kurz gekommene Bedürfnisse" plastisch darstellen. Noch eine kurze Anmerkung zum nächtlichen Toilettengang. Mit zunehmendem Alter ist es bei vielen Menschen so, dass sie nachts ein- oder zweimal auf die Toilette gehen. Die älter werdende Blase ist wahrscheinlich nicht mehr so elastisch, der Harndrang wird deutlicher und sollte auch mit dem Toilettengang „befriedigt" werden.

Nach dem aktuellen Forschungsstand ist der wichtigste Faktor, der die Trauminhalte beeinflusst, das aktuelle Wachleben (siehe Graphik 1). Allerdings – und das macht die Träume so spannend – wird das Wachleben nicht eins-zu-eins im Traum widergespiegelt, sondern es wird häufig mit alten Erinnerungen und komplett neuen Dingen in kreativer Weise gemischt. Eine Ausnahme bilden die so genannten posttraumatischen Wiederholungen. Da wird eine traumatische Situation fast genauso wie damals im Wachzustand erlebt; diese Träume sind sehr belastend und häufig ein Symptom der Posttraumatischen Belastungsstörung. Auch wenn es zunächst banal klingen mag, hat die Forschung zum Beispiel gezeigt, dass Sportstudierende häufiger von Sport, Musikstudierende häufiger von Musik als Psychologiestudierende träumen und vieles mehr. Oder in den Träumen von Hundebesitzerinnen sind mehr Hunde zu finden als bei Personen, die keine Hunde haben. Dies wird als thematische Kontinuität bezeichnet. Das heißt, die Idee, dass Trauminhalte rein zufällig zusammengewürfelt werden, ist damit vom Tisch. Eine weitere Form der Kontinuität zwischen Wach und Traum ist die emotionale Kontinuität. Damit ist gemeint, dass ein stressiger Arbeitstag nicht nur zu mehr stressigen Träumen führt, die von der Arbeit handeln; auch bei Träumen mit ganz anderen Themen sind die Emotionen negativer. Das konnten wir durch eine eigene Studie klar belegen: Bei Personen mit Stress bei der Arbeit waren auch Hobby-Träume negativer getönt (Quelle: Schredl u. a, 2023). Deshalb ist es auch nicht so einfach, den Traum durch Vorstellungen oder Suggestionen vor dem Einschlafen („Heute will ich von einem schönen Urlaub träumen oder vom Fliegen.") zu beeinflussen. Wenn der Tag stressig war, ist die Wahrscheinlichkeit recht hoch, dass die Träume auch stressig sind.

Nicht alles, was wir tagsüber erleben, wird in die Träume eingebaut. Es konnte gezeigt werden, dass emotional intensive Erlebnisse eine höhere Chance haben, in den Traum aufgenommen zu werden, z. B. ein Streit mit dem Partner oder der Partnerin, oder eine bevorstehende Prüfung. Niemand träumt davon, eine Stunde im Wartezimmer einer Ärztin zu sitzen oder gar mehrere Stunden in einem (verspäteten) ICE. Träume lieben Action. Auch Dinge wie Lesen, Schreiben, Rechnen oder am Computer sitzen, sind keine typischen Trauminhalte. Solche Dinge kommen im Traum vor, jedoch selten und dann nur in kleinen Häppchen, beispielsweise einen Zettel oder ein Schild lesen, eine Unterschrift tätigen. Stundenlanges Lesen oder das Tippen einer langen Hausarbeit in den Computer kommen nicht vor. Einige Studien belegen, dass soziale Interaktionen dagegen bevorzugt im Traum vorkommen, Freunde, Familie, Partnerinnen, Kolleginnen, Nachbarinnen, aber auch fremde Personen spielen in fast allen Träumen die ein oder andere Rolle. Das macht auch Sinn, da wir Menschen sehr soziale Wesen sind und das soziale Netz wichtig für unser Wohlbefinden ist.

Früher, als der Homo sapiens sich entwickelt hat, war das Leben im Clan überlebenswichtig. Auch heute brauchen wir das komplexe soziale Gefüge der Gesellschaften, um auf der Welt bestehen zu können. Also, kein Wunder, dass andere Menschen im Traum häufig vorkommen. Und die große Bedeutung sozialer Kontakte ist auch ein wichtiger Gesichtspunkt, wenn es darum geht, die Träume zu verstehen.

Info-Kasten: Tiere im Traum

Interessanterweise ist das Thema Tiere im Traum ein Merkmal, das sich besonders zwischen den Träumen von Kindern und von Erwachsenen unterscheidet. Bei Erwachsenen sind es unter 10% der Träume, bei Kindern bis zu 50%. In einer eigenen Studie kamen Dinosaurier nur in Kinderträumen vor. D.h. hier spiegelt sich die Wachwelt (Kinderbücher, Filme, Bezug zu Haustieren etc.) im Traum wider (Quelle: Schredl und Blagrove, 2021).

Manche Menschen wundern sich, warum sie von einer Person oder einem Ort/einer Wohnung träumen, die ganz weit zurück in der eigenen Vergangenheit liegen. Träume können alles aufgreifen, was man im Leben erlebt hat, nicht nur die aktuellen Dinge. Eine Annahme, die bei der Traumarbeit wichtig ist, geht davon aus, dass die Verknüpfung durch ähnliche Emotionen gemacht wird. Taucht beispielsweise eine Klassenkameradin nach Jahren im Traum auf, weil es aktuell eine Person im Umfeld gibt, die eine ähnliche Eigenschaft wie diese Klassenkameradin hat und dadurch ähnliche Gefühle auslöst, die man gegenüber der Person in der Vergangenheit hatte. Das ist auch ein Grund, warum das Arbeiten mit Träumen sehr aufschlussreich sein kann. Ein Beispiel aus einer eigenen Studie zeigt diesen Einfluss der Vergangenheit deutlich. In einer Online-Befragung haben ca. ein Viertel der Teilnehmenden angegeben, dass sie in der Kindheit negative Erfahrungen mit Hunden gemacht haben (bedroht oder sogar gebissen wurden).

Selbst viele Jahre später sind Hunde, wenn sie im Traum vorkommen, bedrohlicher als bei Personen, die keine schlimmen Erfahrungen mit Hunden gemacht haben (Quelle: Schredl u. a., 2020).

Viele Menschen machen sich gar nicht bewusst, dass sie im Traum (das Traum-Ich) häufig so handeln, wie sie es auch im Wachzustand machen würden, auch bei den verrücktesten und bizarrsten Traumszenarien. Die eigene Persönlichkeit spiegelt sich also auch in den Träumen wider. Eine extravertierte Person hat im Durchschnitt mehr soziale Kontakte im Traum als eine introvertierte Person. Gerade hier ist es wichtig, zu betonen, dass auch extravertierte Personen ein Buch lesen oder introvertierte Personen auf Partys gehen, es ist also kein Entweder-Oder, sondern ein Mehr-oder-Weniger. Auch hier können Träume interessante Einsichten bringen, wie man so „tickt". Träume, in denen man sich ganz anders verhält als im Wachzustand (die allerdings relativ selten vorkommen), können besonders spannende Einblicke gewähren.

Ein Einflussfaktor, der in unserer Zeit immer mehr an Bedeutung gewinnt, sind die Medien aller Art: Kino, Fernsehen, Streaming, Social Media, Computerspiele, etc. Auch die „alten" Medien wie Bücher können Träume beeinflussen. Sensible Personen kennen das sehr gut, dass sie sich nach einem aufregenden Film im Traum in den Actionszenen des Filmes wiederfinden, meist mit viel Angst verbunden. Auch bei Kindern können zu brutale Medieninhalte zu Alpträumen führen, d.h., ein bewusstes Umgehen mit Medien ist klar anzuraten. Eine kanadische Kollegin konnte zeigen, dass Personen, die tagsüber viel am Computer spielen, vor allem Kampfspiele, weniger unter belastenden Alpträumen leiden. Wenn bei ihnen etwas Bedrohliches im Traum auftaucht, laufen sie nicht voller Angst weg, sondern überlegen, welche Waffen sie brauchen, um die Feinde zu besiegen. Der Traum selbst wird dann zum Computerspiel (Quelle: Gackenbach u. a, 2013).

Noch im 19. Jahrhundert dachte man (auch die Wissenschaft), dass man nur von Dingen träumen kann, die man (bewusst oder nicht bewusst) tagsüber gesehen hat. Doch diese Meinung ist überholt. Heute wissen wir, dass wir neue Dinge träumen können und Träume kreative Impulse für das Wachleben liefern. Ein bekanntes Beispiel ist der Traum (beim Einschlafen) von August Kekulé, der von einer Schlange geträumt hat, die sich in den Schwanz beißt. Das gab ihm die Idee, dass die Kohlenstoffatome des Benzols einen Ring bilden. Allerdings muss hier kritisch angemerkt werden, dass er den Traum erst Jahre später erzählt hat, so dass der Wahrheitsgehalt möglicherweise nicht so hoch ist. Ein anderes prominentes Beispiel stammt von Paul McCartney, der die Melodie von „Yesterday" geträumt hat und zunächst dachte, dass er die Melodie irgendwo gehört hat. Glücklicherweise hat er den spontan entworfenen Text von „Scrambled eggs, I love your legs" verändert (im Wachzustand). Bei kreativen Menschen, die auch tagsüber viele Ideen haben, scheint es ganz plausibel, dass sie auch kreative Träume haben. Wir konnten jedoch auch zeigen, dass auch „normale" Menschen kreative Träume haben, z. B. träumen sie von einer Geschenkidee oder von einer guten Idee für ihre Abschlussarbeit. Auch Anregungen bzgl. Urlaubszielen und vieles mehr kamen in den Träumen vor. In dieser Studie hatten fast 8% aller erinnerten Träume eine anregende Idee für die Träumerin oder den Träumer (Quelle: Schredl und Erlacher, 2007).

Wenn Sie noch einmal einen Blick auf die Graphik 1 werfen, sehen Sie, dass im Traum sehr vieles zusammenkommen kann und diese Inhalte zu kreativen Geschichten verarbeitet werden. Wie diese kreativen Geschichten besser verstanden werden können, ist Inhalt der nächsten Kapitel.

4 | Grundlegende Ideen zur Traumarbeit

Dieses Kapitel behandelt einige wichtige Punkte, die für das Verstehen von Träumen sehr wichtig sind. Zunächst einmal ist ein kleiner Rückblick sinnvoll, da „alte" Methoden – zumindest aus meiner Sicht – nicht immer zielführend sind. Da Träume sehr kreativ sein können, macht es Sinn, sie aus einem anderen Blickwinkel zu betrachten, besonders was Emotionen angeht und das Einbinden von „Schauspielerinnen". Zu guter Letzt stellt sich die Frage, ob mir die Arbeit mit den Träumen hilft, mein Wachleben besser zu bewältigen.

Wie kann ich aus Träumen lernen? Traumarbeit versus Traumdeutung

Die Traumdeutung hat eine lange Geschichte, ein sehr bekanntes Beispiel ist in der Bibel (1. Mose 41) zu finden: Der Pharao hatte zwei Träume, einen mit sieben fetten und sieben mageren Kühen, einen mit sieben vollen und dicken Ähren und mit sieben dünnen Ähren. Alle Wahrsager und Weisen Ägyptens konnten den Traum nicht deuten, doch Josef erkannte die Bedeutung der Träume. Im Traum verkündet Gott dem Pharao, was er vorhat: Nach sieben reichen Jahren werden sieben Jahre des Hungers kommen. Aus heutiger Sicht kann man die Frage stellen, warum Gott seine Botschaft verschlüsselt hat, die Botschaft im Traum hätte ja auch ganz konkret genannt sein können. Um 200 n. Chr. erschien ein mehrbändiges Werk zur Traumdeutung, die Oneirokritika von Artemidor von Daldis, einem professionellen Wahrsager und Traumdeuter aus Griechenland. Hier lässt sich beispielsweise folgende Deutung lesen: „Eine schöne wohlgeformte Nase zu haben, ist für jedermann glückbringend; es bedeutet nämlich große Sensibilität und Voraussicht bei den Unternehmungen und Verbindungen mit der besseren Gesellschaft." Auch wenn diese Ausführungen auf umfangreichen Beobachtungen der Traumdeuterinnen beruhen, bleibt die Frage, warum die Menschen damals dachten, dass mit Träumen die Zukunft vorhergesagt werden kann. Interessanterweise gibt es bei diesem speziellen Deutungsbeispiel auch den umgangssprachlichen Ausdruck „einen guten Riecher" haben. Auch im Mittelalter gab es viele Traumlexika, die einfache Deutungen und Vorhersagen enthielten. Es ist wichtig, diese Art des Umgangs mit Träumen im Kontext der Zeit zu sehen, man wusste nicht viel über die Naturgesetze, oder die Psyche, so dass nach allem gesucht wurde, was hilfreich sein könnte, um besser mit zukünftigen Herausforderungen umgehen zu können.

Ein Meilenstein in der Traumdeutung war das gleichnamige Buch von Sigmund Freud, das 1899 (vordatiert auf 1900) erschien. Hier wurden erstmalig die Träume im Kontext der Psychotherapie eingesetzt. Die Freudschen Ideen hatten einen starken Einfluss auf das populäre Wissen über Träume. Ein Beispiel ist Alfred Hitchcocks Film ‚Ich kämpfe um Dich (Spellbound)', der 1945 in die Kinos kam. Hier half ein Traum bzw. die Deutung des Traumes, ein Verbrechen aufzudecken. Dieser Traum wurde von Ingrid Bergman und ihrem psychoanalytischen Lehrer nach einigen Sitzungen mit dem Träumer (Gregory Peck) richtig gedeutet, z. B. ein kleines Rad mit Holzspeichen, das auf den Boden fiel (Revolver) oder die großen Augen an den Vorhängen im Restaurant. Ähnlich wie im Altertum gingen die Psychoanalytikerinnen davon aus, dass nur geschulte Personen Träume richtig deuten können. Allerdings waren die Deutungen nicht mehr in die Zukunft gerichtet, sondern die Traumdeutung wurde von Sigmund Freud als die via regia (Königsweg) zur Kenntnis des Unbewussten im Seelenlebens bezeichnet. Dass auch die Herangehensweise von Freud schnell an Grenzen stoßen kann, soll folgende Fußnote aufzeigen, die in einer späteren Auflage der Traumdeutung erschien:

> *„Vor einiger Zeit wurde es mir bekannt, dass ein uns fernerstehender Psychologe sich an einen von uns mit der Bemerkung gewendet, wir überschätzten doch gewiss die geheime sexuelle Bedeutung der Träume. Sein häufigster Traum sei, eine Stiege hinaufzusteigen, und da sei doch gewiss nichts Sexuelles dahinter. Durch diesen Einwand aufmerksam gemacht, haben wir dem Vorkommen von Stiegen, Treppen und Leitern im Traum Aufmerksamkeit geschenkt und konnten bald feststellen, dass die Stiege (und was ihr analog ist) ein sicheres Koitussymbol darstellt. Die Grundlage der Vergleichung ist nicht schwer aufzufinden; in rhythmischen Absätzen, unter zunehmender Atemnot kommt man*

auf eine Höhe und kann dann in ein paar raschen Sprüngen wieder unten sein. So findet sich der Rhythmus des Koitus im Stiegensteigen wieder. (S. 295, Freud (1900/1987)"

Bei einer solchen Herangehensweise kann fast jeder Traum mit sexuellen Handlungen oder Genitalien assoziiert werden. Doch selbst wenn eine solche Assoziation richtig wäre, hilft das beim Verständnis des Traumes nicht wirklich weiter (siehe weitere Gedanken dazu im Folgenden).

Auch heute sind viele Traumdeutungsseiten im Internet zu finden. Eine Google-Suche mit „Was bedeutet es, wenn man von einer Schlange träumt?" durchgeführt am 4.2.2024 ergab viele Hits, unter anderem:

„Eine Schlange im Traum deutet meist auf böse Zungen hin und warnt vor heimtückischen und hinterlistigen Menschen in Ihrer Umgebung. Der Traum mit einer Schlange sollte Sie im Umgang mit Freunden und Familie aufhorchen lassen, denn von einer Schlange zu träumen, kann heißen, dass eine heimtückische Frau Ihren Weg kreuzt."

Es ist zu vermuten, dass Sigmund Freud der Schlange im Traum eine andere Bedeutung gegeben hätte, vor allem, wenn der Traum von einer jungen Frau geträumt worden wäre. An dem folgenden Beispiel möchte ich aufzeigen, wie problematisch eine einfache Symboldeutung sein kann. Das Thema wurde schon im letzten Kapitel angeschnitten, der Hund im Traum. Sicher macht es einen Unterschied, ob Sie Hundenärrin oder Hundebesitzerin sind, oder Angst vor Hunden haben, oder sich über Hundehäufchen in der Stadt aufregen, oder eine Nachbarin mit einem laut bellenden Hund haben, einen geliebten Hund gerade verloren haben usw. Das würde bedeuten, dass ein Symbolbuch fast unendlich erweitert werden müsste, wenn Sie Hundebesitzerin sind, bedeutet der Hund im Traum …, Wenn Sie im Wachen Angst vor Hunden haben, bedeutet der Hund im Traum … Das führt vom Hundertsten ins Tausendste, und hilft nicht wirklich, den eigenen Traum zu verstehen. Gerade, wenn Sie sich noch einmal die Grafik aus dem letzten Kapitel anschauen, wird klar, wie stark die eigene Lebenserfahrung der Träumerin die Trauminhalte bestimmt. Wie lässt sich da durch ein Buch oder eine Webseite mit allgemeinen Bedeutungen der Kontext, den der Traum im eigenen Leben hat, herstellen?

Jetzt stellt sich natürlich die Frage, was man mit den Träumen anfangen kann, wenn diese klassische Vorgehensweise der Deutung nicht funktioniert? Auf einen einfachen Nenner gebracht, würde ich sagen, wir können aus Träumen genauso gut lernen wie aus Wacherlebnissen. Zunächst ist es mir wichtig, zu betonen, dass wir während des Träumens denken, dass wir wach sind. Das Erlebte, auch wenn es verrückt, wirr und durcheinander sein kann, wird genauso real erlebt wie die Erlebnisse im Wachzustand. Wie lernen wir aus Wacherlebnissen? Nehmen Sie das Beispiel eines Streits mit der Partnerin oder mit dem Partner. Das ist in der Regel ein unangenehmes Erlebnis. Viele Menschen stellen sich die Frage, warum es dazu gekommen ist, was hat das mit mir zu tun (es ist nicht gesund, die Schuld nur beim anderen zu suchen): Man möchte gerne besser verstehen, was da abgelaufen ist. Und der zweite Schritt beinhaltet die Überlegung: Was könnte ich denn beim nächsten Mal anders/besser machen, um die Situation konstruktiv anzugehen, z. B. ein klärendes Gespräch? Und diese zwei Ideen lassen sich auf Träume übertragen: (1) Was hat das Erleben im Traum mit mir, meinem aktuellen Wachleben zu tun? Und (2) Wie kann ich mit dem, was im Traum passiert ist, anders umgehen? Für den ersten Punkt gibt es in den folgenden Kapiteln einige Anhaltspunkte. Das ist notwendig, weil der Traum die Erlebnisse nicht eins-zu-eins vom Wachleben aufgreift, sondern sie kreativ, bildlich und manchmal auch emotional dramatisiert darstellt. D.h., für das Verknüpfen der Traumerlebnisse mit dem aktuellen Wachleben braucht es etwas Übung. Für den zweiten Punkt kann das Beispiel eines typischen Verfolgungstraums hilfreich sein. Die erste, ganz einfache Erkenntnis, die im Verfolgungstraum steckt, ist: „Weglaufen bringt nichts." Meist wird die Angst nicht reduziert, weil die Verfolgerin hinter einem herrennt, unabhängig davon wie schnell man wegläuft. Einen viel besserer Ansatz ist es, sich vorstellen, Helferinnen zu haben (je nach Verfolgerinnen auch eine genügende Anzahl von Helferinnen) und der Gefahr dann ins Auge zu schauen. Dieser Ansatz, aus den Träumen wie aus Wacherlebnisse zu lernen, lässt sich interessanterweise auch auf positive Träume ausweiten. Wenn Sie im Wachzustand etwas Positives erleben, macht das Lust auf mehr (in der Psychologie wird das im Bereich des operanten Konditionierens als Verstärkung bezeichnet). D.h., ein schöner, intensiver Traum kann der Träumerin die Anregung geben, im Wachzustand mehr schöne Aktivitäten einzuplanen.

> **Merke**
>
> Träume zu verstehen, ist nicht schwer. Wir können aus den Träumen genauso gut lernen wie aus unseren Wacherfahrungen.

Diese Art, mit Träumen zu arbeiten, erfordert keine Ausbildung zum Traumdeuter und/oder eine langjährige tiefenpsychologische Ausbildung, sondern kann mit ein bisschen Übung selbständig und/oder mit Gleichgesinnten praktiziert werden. Das kann viel Spaß machen und viele neue Erkenntnisse mit sich bringen.

Träume als emotional intensivierte Darstellung von alltäglichen Themen

In dem Kapitel „Von was träumen wir?" wurde beschrieben, dass vieles, was im Traum vorkommt, aus dem Wachleben stammt: bekannte Personen, bekannte Ort, oder Dinge, die man im Wachen macht (Musik hören, Sport usw.), auch wenn es nicht immer genauso dargestellt wird, wie es im Wachleben erlebt wurde, sondern manchmal in einer sehr kreativen Weise. Auf der anderen Seite gibt es auch wilde, bizarre, ungewöhnliche Träume, bei denen sich viele fragen: „Was hat das mit meinem Wachleben zu tun?" Von einem Monster verfolgt werden, Fliegen, Fallen, Kämpfen sind Themen, die im Wachleben der meisten Menschen keine große Rolle spielen. Hier eignet sich eine Analogie, um diese Träume näher zu beleuchten und zu verstehen.

Stellen Sie sich vor, Sie sind Filmregisseurin und bekommen die Aufgabe, das Gefühl der Hilflosigkeit in anschaulicher und sehr dramatischer Weise darzustellen. Welche Szenarien würden Sie wählen? Wie wäre zum Beispiel das Fallen ins Bodenlose? In diesem Szenario ist die Hilflosigkeit klar sichtbar, die dargestellte Person fällt, kann nichts tun, das Einzige, was klar ist, ist, dass die Person irgendwann unten aufschlägt und tot ist. Das bedeutet, dass der Falltraum das Gefühl der Hilflosigkeit in einer dramatisierten, emotional sehr intensiven Form darstellt. Die Idee ist, dass der Traum ein Gefühl aus dem

Wachleben aufgreift und es auf die Spitze treibt. Das hat den Vorteil (im Traum würde man das nicht als Vorteil sehen, sondern nur als Belastung), dass das Thema, das der Traum aufgreift, sehr deutlich wird. Es gibt einige Bereiche, in denen Träume zum Dramatisieren neigen, diese werden im nächsten Kapitel „Wachthemen – Träume" aufgegriffen. Interessanterweise wird diese Idee der Gefühlsintensivierung durch Schlafstudien gestützt. Man weiß heute, dass gerade im REM-Schlaf, in dem besonders intensiv geträumt wird (und das sind die Träume, an die man sich nach dem Aufwachen gut erinnern kann), die Emotionszentren im Gehirn (limbisches System, Amygdala) sehr aktiv sind. Allerdings hat man es bisher noch nicht geschafft, direkt die Aktivität dieser Gehirnzentren mit der Gefühlsintensität der Träume, die nach dem Aufwachen erinnert werden, in Beziehung zu setzen. Das liegt daran, dass Bildgebung während des Schlafes, also zu messen, wie aktiv verschiedene Gehirnareale sind, sehr schwer ist. Die meisten Menschen schlafen doch lieber im eigenen Bett als in einem Scanner, bei dem der Kopf so „eingespannt" ist, dass man ihn nicht bewegen kann. Das wiederum ist notwendig für eine gute Messung. So muss die Frage, ob tatsächlich die Aktivität der Emotionszentren im Gehirn mit dem Traumerleben zusammenhängt, noch offen bleiben.

Für viele Menschen ist es hilfreich, sich diese spezielle Eigenschaft der Träume, das Dramatisieren, bewusst zu machen. Deshalb bedeuten Träume, in denen man jemanden umbringt, nicht, dass man zum Mörder wird, sondern stellen eine massive Übertreibung eines ganz normalen Wutgefühls dar. Wer hat nicht schon einmal gedacht: „Den könnte ich an die Wand klatschen." oder etwas Ähnliches. Auch bei Angstträumen, z. B. Verfolgung, wird die Angst riesig dargestellt. Die Träume sind kein Anzeichen, dass etwas nicht mit einem stimmt, sondern sind Ausdruck einer Besonderheit der Träume, die gerne intensive Emotionen darstellen. Auch in Filmen wird nicht stundenlang überlegt und diskutiert, sondern da geht es schnell zur Sache, besonders in Actionfilmen. Auch bei dem Gedanken, was man aus Träumen lernen kann, kann die Übertreibung helfen. Stellen Sie sich vor, dass Sie sich in einem Verfolgungstraum befinden und von einem Monster oder einer anderen unangenehmen Gestalt verfolgt werden. Die einfachste und recht klare „Botschaft" des Verfolgungstraumes lautet: Weglaufen bringt nichts. Aufs Wachleben übertragen – wenn man den Verfolgungstraum als eine dramatisierte Version von Vermeidungsver-

> **Merke**
>
> Träume greifen ganz normale Gefühle des Wachzustandes auf und stellen sie manchmal in einer sehr dramatisierten und intensiven Form dar.

halten im Wachleben sieht – heißt das, dass Vermeiden nicht immer eine zielführende Strategie ist, um mit der anstehenden Wachsituation umzugehen. Auch, wenn man zunächst denkt, dass das Vermeiden gar keine so schlechte Strategie ist. Gerade, wenn es sich um Ängste handelt, ist Vermeiden auf Dauer nicht hilfreich, es kann sogar die Angst verstärken.

Träume nicht wörtlich nehmen

Ein weiterer Punkt, bei dem Träume sehr kreativ sein können, ist die „Auswahl" der Traumpersonen. Zum Beispiel: Warum habe ich von dem alten Schulfreund geträumt, den ich schon seit Jahren nicht mehr gesehen habe? Oder man könnte denken: Ich habe von meiner Mutter geträumt, weil ich gestern Abend mit ihr telefoniert habe. Oder: Warum taucht gerade jetzt, wo ich einen neuen Mann kennengelernt habe, mein Ex-Freund ständig im Traum auf? Hänge ich noch an ihm? Kann ich ihn nicht loslassen?

Hier hilft auch der Vergleich mit dem Spielfilm. Die Schauspielerinnen werden so ausgewählt, dass sie in die Gesamthandlung passen. Bei manchen Besetzungen gibt es richtige ausgedehnte Casting-Sessions, um Schauspieler und Schauspielerinnen zu finden, die optimal für die Rolle passen. Wenn es beispielsweise um das Thema Liebesbeziehung geht, um die schönen Dinge, die man gemeinsam macht, dann könnte der Ex-Freund ein gutes „Stand-In" sein, weil ja mit ihm früher (vor der Trennung) auch solche Aktivitäten gemacht wurden. Es geht also nicht direkt um die Person selbst, sondern um das Thema, das damals mit dieser Person wichtig war. So könnte es auch bei der alten Schulfreundin sein, man ist einer Person begegnet, die vielleicht ähnliche Eigenschaften wie die alte Freundin hat, oder ähnliche Gefühle bei einem selbst ausgelöst hat.

Natürlich ist es auch so, dass die Personen, die im Traum vorkommen, für sich selbst stehen können. Dabei sollte man sich bewusstmachen, dass es natürlich nicht die Person selbst ist, die im Traum auftaucht, sondern vielmehr das Bild, das man von der Person hat). Wenn z. B. ein aktueller Konflikt mit der Mutter vorliegt, dann kann ein Traum, in dem die Mutter vorkommt, genau dieses Konflikt aufgreifen. Wenn allerdings die Themen, die im Traum mit der Mutter vorkommen, gar nichts mit der aktuellen Mutterbeziehung zu tun haben, dann ist es sehr wahrscheinlich, dass es um ein Thema geht, dass Sie aktuell mit einer anderen Person haben, die die eine oder andere Ähnlichkeit

---

Merke

Wenn beispielsweise die Mutter im Traum vorkommt, heißt es nicht unbedingt, dass es um die Mutter geht, es könnte auch um Themen gehen, die man mit der Mutter erlebt hat.

---

mit Ihrer Mutter aufweist. Im konkreten Fall ist das nicht immer so einfach zu sehen, in welche Richtung es geht. Allerdings ist es auch nicht unbedingt ein Entweder-oder, sondern auf einer allgemeineren Ebene geht es darum, wie gut ich selbst mit solchen Personen, ob es die Mutter ist oder eine Person aus dem Umfeld, die ihr ähnlich ist, umgehen kann, vor allem, wenn Konflikte und Schwierigkeiten auftreten. Das heißt, der Traum spricht ein grundsätzliches Thema an, bei dem es um soziale Fertigkeiten, z. B. konstruktives Auseinandersetzen, Grenzen setzen geht.

Ein weiteres Beispiel sind Träume, in denen eine aggressive Person auftritt. Auch wenn die Person aus dem Wachleben bekannt ist, muss es nicht um die Person selbst gehen, sondern es könnte allgemein um den Umgang mit Aggressionen gehen. Zum Beispiel, die Frage, was tue ich, wenn jemand mir gegenüber aggressiv ist. Carl Gustav Jung hat das noch weitergeführt. Bei ihm heißt das Subjektstufe, d.h., solche Träume können auch eine bildhafte Darstellung dafür sein, wie man mit seinen eigenen Aggressionen umgeht. Geht man liebevoll mit sich um, wenn man Wutgefühle verspürt oder hat man möglicherweise Angst, die Kontrolle zu verlieren und Dinge zu tun, die man später bereut? Selbst wenn es so aussieht, als ob das ganz andere Aspekte sind, sprich, der Umgang mit aggressiven Personen versus der Umgang mit den eigenen Aggressionen, stellt man häufig fest, dass bei genauerem Hinsehen diese beiden Aspekte sehr eng miteinander verknüpft sind, also zwei Seiten der selben Medaille darstellen.

Auch bei sexuellen Träumen kann es spannend sein, zu untersuchen, was der Traum mit dem Wachleben zu tun hat, wenn man ihn nicht wörtlich nimmt, d.h., die Frage stellt, ob es möglicherweise um etwas ganz Anderes als das Thema Sexualität geht. Bei Sexträumen mit dem geliebten Partner oder einer Person, für die der Mann oder die Frau schwärmt, stellen sich sehr wenige Menschen die Frage, warum sie das geträumt haben. Spannender wird es bei Träumen, in denen Mann oder Frau Erotik/Sex mit einer Person im Traum erlebt, die man im Wachzustand gar nicht so attraktiv findet. Hier ist es eine Möglichkeit, zu überlegen, ob die andere Person irgendwelche Eigenschaften (z. B. witzig, redegewandt) oder Status (berühmt, viel Geld, lockeres Leben) hat, die man selbst gerne haben möchte, mit denen man sich „vereinigen" möchte. Der Traum könnte das Bedürfnis widerspiegeln, der anderen Person, die diese schönen Eigenschaften hat, ganz nahe zu sein.

Warum haben wir wiederkehrende Träume?

Auch wenn die meisten Träume die Themen des Alltags in ganz unterschiedlicher Weise aufgreifen, gibt es wiederkehrende Träume, auch Wiederholungsträume genannt. Darunter versteht man Träume, die von der Grundidee her sehr ähnlich sind, auch wenn die Einzelheiten von Traum zu Traum variieren. Typische Themen sind Zuspätkommen, Fallen, Gelähmtsein, Verfolgung und Prüfungen. Tatsächlich sind es bei wiederkehrenden Träumen häufiger negative als positive Themen. Bei den Träumen vom Zuspätkommen kann es einmal ein Flugzeug sein, das bald abfliegt, obwohl noch längst nicht alles gepackt ist, oder eine Bahnfahrt oder ein wichtiger Termin, den man nicht schafft. Die Einzelheiten variieren dabei, das Grundthema bleibt gleich. Die Frage ist natürlich: Warum haben wir solche Träume? Ich vergleiche das gerne mit Prüfungsangst. Wenn eine Person im Wachleben Prüfungsangst hat, dann wird diese Angst immer wieder auftreten, wenn eine Prüfung ansteht: schlechtes Schlafen, Angst vor dem Durchfallen, Ausmalen von Schreckensszenarien usw. Wenn die Person aber lernt, die Angst zu bewältigen (die Psychologie stellt hier eine Vielzahl von Methoden zur Verfügung, z. B. Entspannungsverfahren, Vorstellungsübungen, Rollenspiele), dann verschwindet die wiederkehrende Prüfungsangst. Das bedeutet Folgendes: Wenn die Person eine neue Fähigkeit erlernt hat, ist das mit dem Wiederkehrenden vorbei. Diese einfache Idee lässt sich auch auf Träume übertragen: Bei Wiederholungsträumen geht es darum, etwas Neues zu lernen. Und wenn das gelernt wurde, ist der Traum weg. Natürlich stellt sich die Frage, welche Fähigkeit (bei dem Beispiel mit der Prüfungsangst im Wachzustand liegt es auf der Hand) gelernt werden muss. Über den Vergleich von dem Grundmuster des Traums mit dem aktuellen Alltagserleben ergeben sich meistens sehr gute Verknüpfungen zwischen Wachleben und Traumgeschehen (Siehe nächstes Kapitel Wachthemen – Träume).

Ansätze für Lösungsideen

Da die Träume unsere Themen, die uns tagsüber beschäftigten, widerspiegeln, ist die Frage berechtigt, ob die Träume auch Lösungsideen beinhalten. Nach meiner Erfahrung kommt es vor, dass man schon im Traum eine gute Idee hat, man verhält sich irgendwie anders, als man es im Wachleben machen würde, man hat neue Einfälle, oder es treten Helferinnen auf. Allerdings scheint es so, dass solche klaren Lösungen, die dann auch im Wachleben umgesetzt werden können, in Träumen eher selten vorkommen. Doch es gibt eine weitere Möglichkeit, den Traum für Lösungsideen zu nutzen. Wenn im Traum eine Situation unangenehm verlaufen ist, kann man sich im Wachzustand die Frage stellen: „Was brauche ich, um mit der Situation, die im Traum aufgetreten ist, besser umzugehen?" Dazu ist ein näheres Beleuchten der großen Bandbreite der Bedürfnisse, die Menschen haben, hilfreich.

Marshall Rosenberg beschreibt in seinem Buch zur gewaltfreien Kommunikation sehr anschaulich, was im Leben wichtig ist und was Menschen zum Handeln motiviert: Das sind die eigenen Bedürfnisse. Er führt auch aus, dass das nicht nur Bedürfnisse sind, die einen selbst betreffen, wie Essen, emotionale Sicherheit, Sexualität oder Schlafen, sondern auch Bereiche beinhaltet, die andere Menschen miteinbezieht, zum Beispiel, das Bedürfnis nach Verbundenheit, oder auch zum Wohle andere Menschen beitragen zu wollen. Hier ist die Forschung sich einig: Der Mensch ist nicht als Egoist konzipiert, sondern ist ein soziales Wesen. Dieses Bewusstmachen von Bedürfnissen ist für die Arbeit mit Träumen häufig sehr hilfreich. Marshall Rosenberg beschreibt nämlich ganz deutlich, wie es einem geht, wenn die Bedürfnisse befriedigt werden (Wohlgefühl), und wie es einem geht, wenn Bedürfnisse unbefriedigt bleiben: Man fühlt sich frustriert, traurig, wütend, ängstlich usw. Auf Träume übertragen heißt das, dass Traumsituationen, die als negativ erlebt wurden, auf nicht befriedigte Bedürfnisse schließen lassen. Die Frage, die man sich selbst stellen kann, ist: Was brauche ich in der Situation? Welches Bedürfnis habe ich in der Situation? Ein einfaches Beispiel ist der Verfolgungstraum. Da geht es um das Bedürfnis nach Sicherheit, und dieses Bedürfnis ist im Verfolgungstraum massiv frustriert. Wie oben schon angesprochen, hilft das Weglaufen nur in den seltensten Fällen, sondern es sind andere, meist aktivere Strategien gefragt, um dem Bedürfnis nach Sicherheit nachzukommen. Eine Strategie, die auch im Wachleben gewinnbringend Anwendung findet, ist das Hinzuziehen von Helferinnen.

Wenn man dann ein Bedürfnis identifiziert hat, das im Traum zu kurz gekommen ist, kann man sich die Frage stellen, was es braucht, damit das Bedürfnis zum Zuge kommt und das schöne Wohlgefühl eintritt. Wo will ich hin? Was tut mir gut? Was brauche ich, um mich wohlzufühlen? Dabei sind zunächst alle Möglichkeiten erlaubt, der Phantasie sind keine Grenzen gesetzt, sich die Traumsituation so auszumalen,

---

Merke

Wenn ich mir die Frage stelle, was ich im Traum brauche, welche Bedürfnisse frustriert wurden, kann ich auf sehr interessante Lösungsideen kommen.

wie man möchte. Schaut man allerdings auf das Beispiel des Verfolgungstraums, so zeigt sich, dass nicht alle Strategien, die man für die Traumsituation findet, gleich gut geeignet sind. Die Strategie, sich zu verstecken, könnte zwar kurzfristig Erleichterung verschaffen, aber die Angst könnte wieder größer werden, wenn man den Verfolger hört, wie er alles durchsucht. Das heißt, das Bedürfnis nach Sicherheit ist nicht wirklich befriedigt. Oder Wegfliegen? Da könnte es sein, dass die Verfolger plötzlich auch fliegen können. In den meisten Fällen sind eine aktive Strategie und das Wissen hilfreich, dass man im Traum nicht alles alleine lösen muss. Man kann Freunde, nahe stehende Personen um Hilfe bitten.

In der Alptraumtherapie wird das konkret umgesetzt, d.h., die Personen werden angeleitet, sich ganz plastisch vorzustellen, wie sie sich in der Traumsituation befinden und nun anders handeln als zuvor, z. B. nicht mehr weglaufen. Für Personen, die mit wiederkehrenden Alpträumen zu tun haben, ist das Buch „Ratgeber Alpträume – Informationen für Betroffene und Angehörige" von Reinhard Pietrowsky und Johanna Thünker zu empfehlen. Auch bei Träumen, die nicht so intensiv wie Alpträume sind, ist dieses Vorgehen sehr produktiv. Die Frage lautet dann: Was mache ich ganz konkret, um das Bedürfnis, das ich in der Traumsituation habe, zu befriedigen? Zum Beispiel, könnte ich mein Bedürfnis verbal ausdrücken, jemanden um Hilfe bitten usw. Wenn man eine passende Strategie für die Traumsituation gefunden hat, schließt sich die Frage an, ob das auch in den Alltag integriert werden kann, z. B., man schreibt sich einen Zettel: „Ich bitte andere um Hilfe, wenn eine Situation schwierig wird."

5 | Wachthemen – Träume

In diesem Kapitel sollen einige Wachthemen, die bei vielen Menschen in der ein oder anderen Form im Alltag vorkommen, aufgegriffen werden. Zu bestimmten Themen passen auch bestimmte Träume, häufig sind es so genannte typische Träume, weil viele Menschen berichten, diese Art von Träumen zu haben. Das ist plausibel, weil genau diese Themen für viele Menschen in bestimmten Lebenssituationen eine Rolle spielen.

Im Gegensatz zu „typischen" Traumbüchern ist das Kapitel nicht nach Traumthemen gegliedert, sondern nach den Wachthemen, die mit den Träumen zusammenhängen. Der Gedanke dabei ist, dass jeder Mensch diese Themen in einer ganz spezifischen und eigenen Weise in den Träumen umsetzt, das heißt, ganz unterschiedliche Träume können auf das gleiche Grundthema zurückgeführt werden. Nehmen wir als Beispiel das Thema „Grenzen setzen", da könnte es Träume von übergriffigen Personen geben, Einbrecher in der eigenen Wohnung (eine sehr dramatisierte Form von Grenzüberschreitung bzw. der Angst vor Grenzüberschreitung) oder unvollständig abgetrennte Räume. Die Möglichkeiten sind sehr vielfältig, was wieder die Kreativität der Träume unterstreicht.

Bei dieser Art der Traumarbeit kann man sich die Frage stellen, welche Themen gerade im Wachleben aktiviert sind, z. B. könnte in der Partnerschaft das Thema „Wunsch nach Unterstützung" aktuell sein, oder im beruflichen Kontext das Thema „Was denkt die Chefin oder die Kolleginnen von mir und meiner Arbeit?" oder auch allgemeine Themen wie „Was mache ich in meinem Leben? Nehme ich in den neuen Job in der fremden Stadt an?"

Auch wenn hier einige Themen zusammengetragen wurden, kann es sein, dass Ihr Thema nicht dabei ist. Was ist in diesem Fall zu tun? Schauen Sie sich zunächst die Abschnitte zu den aufgeführten Themen an, um ein Gefühl dafür zu bekommen, wie Träume solche Themen in einer dramatisierten Form widerspiegeln können. Bei den einzelnen Themen wird geschaut, welche Bedürfnisse eine Rolle spielen und immer wieder die Frage gestellt, was man braucht, um mit den Schwierigkeiten, die im Traum auftreten, konstruktiv umzugehen und die Bedürfnisse zu befriedigen.

Wie könnte ein Traum beispielsweise das Thema „Ich fühle mich unsicher, wie es in meinem Leben weitergehen wird" darstellen. Das könnten Träume sein, in denen man sich in einer unbekannten Gegend verirrt, keine Orientierung hat usw. Ein Thema, das damit verwandt ist, ist das Bedürfnis nach Zugehörigkeit, ein „Zuhause haben". In einem Traum könnte man da unterwegs sein und den Weg nach Hause nicht finden, oder viele Hindernisse auf dem Weg erschweren das „Nach-hausekommen". Stellen Sie sich das Thema vor, dass Sie etwas von sich verstecken wollen, z. B. haben Sie eine Phase, in denen es Ihnen emotional nicht so gut geht, das sollen die Kollegen auf der Arbeit auf keinen Fall merken, sonst hagelt es negative Bewertungen. Eine übertriebene Darstellung könnte sein, dass Sie einen Mord begangen haben, der auf keinen Fall ans Tageslicht kommen darf, sonst wandern Sie für immer hinter Gittern. Es ist anstrengend im Traum, die Tat zu verschleiern, immer ist die Angst, dass Ihnen doch jemand auf die Schliche kommen könnte. Ein weiteres Thema ist Wut. Wenn Sie von einer nahe stehenden Person verletzt wurden, können starke Wutgefühle inklusive Gedanken („Die könnte ich an die Wand klatschen.") auftreten. Im Traum kann es zu Mord und Totschlag kommen, d.h., das Wutgefühl und der Umgang mit dem Wutgefühl werden „superdramatisch" gemacht. Aber auch das Bedürfnis nach Kontakt, das Bedürfnis nach Unterstützung können im Traum sehr plastisch und bildlich dargestellt werden. Ein Klassiker ist, dass man Hilfe rufen möchte, doch das Telefon funktioniert nicht. Oder: Man ist gerade in Kontakt mit jemandem und die Verbindung reißt ab.

Was mache ich, wenn „mein" Thema hier nicht aufgelistet ist?

Schlüpfen Sie in die Rolle einer Filmregisseurin und überlegen Sie, wie Sie das Wachthema in einer anschaulich und dramatisierten Version darstellen könnten, so dass den Zuschauenden sofort klar wird, um was es geht.

Wenn Sie den Fokus auf die Frage legen, welche Bedürfnisse sind zurzeit in meinem Wachleben nicht befriedigt, werden Sie häufig einen Zusammenhang zu den Träumen finden, weil diese Frustrationen im Traum sehr anschaulich dargestellt werden.

Thema „Vermeiden"

Es gibt wahrscheinlich keinen Menschen, der nicht schon einmal etwas oder jemanden in seinem Leben vermieden hätte, ob das ein unangenehmes Gespräch mit einer Kollegin ist, eine Aufgabe, die man doch morgen oder nächste Woche viel besser machen kann, oder der jährliche Zahnarztbesuch ist. Bei der Vermeidung ist das Grundmuster recht einfach zu beschreiben, man hat Angst und geht nicht in die Richtung des Bedrohlichen, sondern in die andere Richtung. Wenn man hier das Drama-Element einbezieht, also die Idee, dass aus einer kleinen Angst eine riesengroße Angst wird, dann kommt man schnell auf das Traumthema Verfolgung. In diesen Träumen ist es ja so, dass die Bedrohung (Monster, Tiere, aggressive Menschen) so große Angst auslöst, dass man nur weglaufen kann, sonst hätte man keine Chance. Hier ist ein Beispiel eines Kollegen, das er für das Buch zur Verfügung gestellt hat:

> *Im Alter von 4–5 Jahren hatte ich folgenden Traum, der sich stark eingeprägt hat: „Ich fuhr mit meinem orangen Dreirad durch die Nachbarschaft meines Kindheitshauses. Plötzlich stellte sich eine menschenähnliche, aber grüne und mit Pusteln versehene Gestalt mir in den Weg, lachte in einer bedrohlichen Weise und rannte mir hinterher. Ich versuchte mit aller Kraft wegzuradeln und sah am Ende der Straße meine Mutter. Ich rief ihr zu und sah ihren beängstigten Blick, während ich spürte, wie hinter mir sich die Gestalt näherte. Kurz bevor ich meine Mutter erreichen konnte, öffnete sich der Boden unter mir, ich fiel ins Dunkle und hörte nur noch das Lachen der Gestalt."*

Im Traum ist die Angst des Kindes vor dieser bedrohlichen Gestalt klar nachvollziehbar so groß, so dass es für das Kind außer Flucht (Vermeiden) keine Alternative gibt. Bei vielen Verfolgungsträumen endet der Traum, bevor der Verfolger das Traum-Ich erreicht, durch Aufwachen. Aufwachen ist sozusagen die ultimative Vermeidung, man verlässt die

Situation komplett, ist erleichtert und froh, dass es „nur" ein Traum war. Besonders im Umgang mit Albträumen hat sich gezeigt, dass diese Vermeidung durch Aufwachen nicht dazu beiträgt, die Albträume zu bewältigen. Tatsächlich ist es bei dem Umgang mit Angst wichtig, sich der Angst zu stellen (in der Vorstellung) und sich zu fragen, was ich brauche, um mit der Situation konstruktiv umzugehen.

Wenn man Verfolgungsträume betrachtet, gibt es zunächst eine ganz einfache Lektion zu lernen: Weglaufen bringt nichts. Das heißt, das Weglaufen im Traum funktioniert nicht, weil die Verfolger immer hintendran bleiben, selbst Wegfliegen oder Verstecken hilft nicht, die Angst zu besänftigen. Das bedeutet, dass man eine andere Strategie braucht, um mit dieser Situation umzugehen. Da im Traum häufig keine solche Strategie enthalten ist, kann man sich im Wachzustand überlegen, was man braucht, um sich sicher zu fühlen. Im obigen Traumbeispiel gibt es schon einen Hinweis, auf eine hilfreiche Strategie: Hilfe suchen. Allerdings wird in dem Traumbeispiel auch diese Strategie verhindert, durch das Fallen in ein Loch, wird das rettende Ufer, die Mutter, nicht erreicht.

Die Frage, die man sich stellen kann, wenn man im Wachzustand mit einem solchen Traum arbeitet, lautet: Was brauche ich, um mich sicher zu fühlen? Und das wird dann in der Vorstellung bildhaft umgesetzt. In dem Traumbeispiel könnte man sich vorstellen, dass außer der Mutter noch weitere Helferinnen da sind. Diese könnten diese bedrohlich lachende Gestalt im Zaum halten. Eine weitere Idee ist, dass jemand den Boden beispielsweise mit Brettern sichert, so dass sich das Traum-Ich in die schützenden Arme der Mutter begeben kann. Tatsächlich ist es so, dass viele Menschen im Traum die Vorstellung haben, sie müssten alles alleine lösen. Doch das Bitten um Hilfe kann nicht nur eine gute Idee für den Traum sein, sondern ist auch ein Schlüssel für viele Vermeidungssituationen im Wachleben.

Interessanterweise ist das Thema Verfolgung eines der am häufigsten vorkommenden Traumthemen. In einer Übersicht, die ich zusammengestellt habe, geben je nach Studie 50% bis 90% aller Befragten an, dass sie schon mal im Traum verfolgt wurden (Quelle: Schredl, 2019). Das unterstreicht die eingangs erwähnte Idee, dass das Thema Vermeidung bei vielen Menschen schon einmal im Wachleben präsent war. Der Verfolgungstraum ist wahrscheinlich die maximal dramatisierte Darstellung des Themas Vermeidung, mit einer Riesenpanik bis hin zur Todesangst. Es ist jedoch auch denkbar, dass Träume das Thema Vermeidung in einer ganz anderen Form aufgreifen, die möglicherweise näher am Wachleben ist. Zum Beispiel könnte ein Traum davon handeln, dass man lieber etwas Schönes macht, als sich der unangenehmen Aufgabe zu stellen. Auch bei den Verfolgern gibt es viel Kreativität, das können Monster sein (siehe Traumbeispiel), fremde Männer (nur selten sind Frauen bedrohlich im Traum), wilde Tiere oder ganz bizarre Dinge. So wurde mir einmal ein Traum berichtet, in dem eine riesige Feuerkugel hinter dem Traum-Ich her war. Der Feuerkugeltraum wurde interessanterweise von der Person geträumt, während sie Fieber hatte, also eine kreative Umsetzung der Wachrealität des überhitzten Körpers. Jede Träumerin kann ganz eigene Bilder haben, die mit dem Thema Vermeiden zu tun haben; das Grundmuster jedoch (Angst haben und wegwollen) ist immer gleich.

Merke

Bei Verfolgungsträumen ist es wichtig, sich vorzustellen (im Wachzustand), sich der Angst zu stellen. Das ist die halbe Miete, mit diesen Träumen konstruktiv umzugehen.

Thema „Ich fühle mich hilflos"

In dem Abschnitt über das Dramatisieren der Träume wurde die Analogie zum Filmemachen als anschauliche Parallele gewählt. Wenn eine Filmregisseurin das Thema „Ich fühle mich hilflos" darstellen will, wird sie nicht eine Szene zeigen, in der eine Person im Stuhl sitzt, den Kopf auf den Tisch legt und sich hilflos fühlt. Das sieht man von außen nicht, d.h., das Thema muss anders umgesetzt werden, so dass es dem Publikum klar wird, um was es geht. Bei einem Falltraum ist das Thema sehr, sehr anschaulich dargestellt: Die träumende Person fällt ins Bodenlose, das Einzige, was sie sicher weiß, ist, dass sie nichts tun kann, um den Aufprall zu verhindern und dem Tod zu entgehen, also eine absolute Hilflosigkeit. Das ist von außen klar nachzuvollziehen. In einer repräsentativen Studie, die von der Apotheken-Umschau in Auftrag gegeben und von mir ausgewertet wurde, gaben fast 40% der Befragten an, die mit negativen Träumen zu tun hatten, dass sie mehrfach Fallträume erlebt haben (Quelle: Schredl, 2010). Von den Fallträumen, die meistens nach dem Erwachen aus dem REM-Schlaf in der zweiten Nachthälfte erinnert werden, muss man das Phänomen der Einschlafmyoklonien unterschieden. Dabei handelt es sich um ein starkes Zucken, das meist durch den ganzen Körper geht und von Bildern des Fallens oder Stolperns begleitet wird. Dieses Zucken kann bei vielen Menschen gelegentlich auftreten und spiegelt den Einschlafprozess wider, die Muskulatur entspannt sich sehr schnell. Das kann als zu schnell erlebt werden, so dass der Körper versucht durch das Zucken wieder etwas Spannung zu bekommen. Meine Hypothese ist, dass hier das Bewusstsein ein passendes Bild zu dem Zucken des Körpers aus dem Gedächtnis hervorholt. D.h., das Zucken wird nicht durch die Vorstellung des Fallens/Stolperns ausgelöst, sondern das Zucken veranlasst das Bewusstsein, ein Bild hervorzuholen, um das Zucken zu „erklären".

Zurück zu den Fallträumen, neben dieser extremen Form der Darstellung kann das Gefühl der Hilflosigkeit auch in vielen anderen Träumen vorkommen, z. B. man ist eingesperrt und kann nicht entkommen, man möchte einen Fluss überqueren und es gibt keine Brücke usw. Da Gefühle der Hilflosigkeit im Wachen bei vielen Menschen auftreten, meist in „kleinerer" Form als im Falltraum, ist es kein Wunder, dass dieses Thema häufig in den Träumen zu finden ist. Auch wenn das Fallen im Traum selbst noch nie im Wachleben vorgekommen ist. Es gibt zwar kleine Pilotstudien, die zeigen, dass Personen, die zum ersten Mal Fallschirmspringen oder Gleitschirmfliegen, mehr Fallträume haben, aber auch diese Personen hatten natürlich keine „echten" Fallerlebnisse im Wachleben, sonst hätten sie nicht an der Befragung teilnehmen können. Interessanterweise gibt es auch in der Umgangssprache Ausdrücke, die sich auf das Fallen beziehen, „z. B. den Boden unter den Füßen verlieren" oder „abstürzen". Diese Sprachmetaphern zeigen eine spannende Parallele zu den Träumen, weil mit einem solchen Bild auch das Gefühl (hier: Hilflosigkeit) plastisch und bildlich ausgedrückt wird.

Bei der Überlegung, was man in einem solchen Falltraum denn brauchen könnte, tun sich viele Menschen schwer, weil ja im Traum nichts da ist, was helfen könnte. Doch hier ist es wichtig, sich bewusst zu machen, dass der Traum eine Schöpfung des eigenen Bewusstseins ist, d.h., wenn ich im Wachzustand darüber nachdenke, kann ich auch schöpfen und mir neue Dinge vorstellen. Ich selbst finde die Vorstellung einer ganz dicken aufblasbaren und runden Matte ansprechend, weil es ausdrückt, dass es nicht darum geht, sich nie hilflos zu fühlen, sondern dass nach einer kurzen Phase des freien Falls eine schöne und weiche Landung geschieht. Im Idealfall gibt es dann noch jemand, die sich um einen kümmert und nach dem Schrecken eine schöne, warme Tasse Tee anbietet. Hier sind der Phantasie keine Grenzen gesetzt, mit welchen Mitteln man selbst den eigenen Falltraum in der Wachvorstellung umgestalten möchte.

Thema „Ich komme nicht weiter"

Ein Thema, das mit dem Gefühl der Hilflosigkeit eng verbunden ist, ist das Gefühl „Ich komme nicht weiter". Wahrscheinlich kennen viele Menschen dieses Gefühl aus ihrem Wachleben. Auch hier hat der Traum sehr kreative Methoden, dieses Thema darzustellen: Man möchte schreien, kann aber nicht. Oder: Das Fortbewegen ist wie ein zäher Brei, es geht nicht wirklich vorwärts. In dem folgenden Traum wird das allgemeine Thema des Zielerreichens angeschnitten.

> *Eigener Traum (22.3.1993): „Ich bin in Rot (Wohnort in der Kindheit) und mache bei einem Wettrennen mit. Es geht um nichts und es macht Spaß. Ich biege von der Hauptstraße in die Straße zum Ipfler hinein. Ein Stück bin ich geschwommen. Jetzt laufe ich. Nach der Bushaltestelle überhole ich ein älteres Ehepaar, das auch mitläuft. Dann biege ich in den Eichenweg ab, es geht ziemlich bergab. Da laufe ich ganz zügig. Als es flach wird, kämpfe ich mit voller Kraft, um das nicht mehr weit entfernte Ziel zu erreichen. Ich denke darüber nach und frage mich, warum es so schwer ist, das Laufen könnte doch ganz locker sein. Andere sind dabei aufzuholen, dennoch gelange ich als Erster ins Ziel."*

Obwohl ich es im Traum schaffe, das Ziel zu erreichen, braucht es eine riesige Anstrengung, um das letzte Stück zu laufen. Interessanterweise gibt der Traum schon eine Idee, woran es liegen könnte: Es liegt nicht daran, dass die Strecke tatsächlich so schwierig ist, sondern das eigene Denken könnte das Zielerreichen erschweren. Das heißt, auch bei diesen Träumen stellt sich die Frage, was man braucht, um dieses unangenehme Gefühl des Feststeckens, dem Laufen mit riesiger Anstrengung durch eine zähe Masse oder Ähnlichem, loszuwerden. Eine Idee könnte sein, dass man mehr Kraft in der Situation haben möchte. Was brauche ich dazu? Beispielsweise einen Tapetenwechsel, eine Erholungspause usw. Wie bei der Hilflosigkeit kann es auch hilfreich sein, sich Hilfe vorzustellen. Oder – wie im eigenen Traumbeispiel – die Einstellungen und Gedanken, die mit Wettkampf/Zielerreichen usw. verbunden sind, genauer anzuschauen.

Thema „Grenzen setzen"

Sich gut abgrenzen können, ist eine wichtige Fähigkeit in unserer sozialen Welt, ob das Ansprüche vom Arbeitgeber sind, oder Wünsche von Familienmitgliedern, Freunden usw. Doch Abgrenzen ist nicht immer leicht, vor allem, wenn es sich um nahestehende Personen handelt, zu denen man intensive Gefühle der Verbundenheit und Zuneigung hat. Auch bei Personen, zu denen eine Form der Abhängigkeit besteht, z. B. die eigenen Kinder, die eigenen Eltern, oder auch der Arbeitgeberinnen, Kolleginnen, ist es nicht immer einfach. Personen, die sehr sensibel und empathisch sind, kennen das Abgrenzthema und die Probleme, die damit verbunden sind, besonders gut. Hier ist ein eigener Traum, der das Thema anschaulich darstellt.

> *Eigener Traum (11.10.2007): „Ich bin in einer großen Wohnung. Obwohl ich erst ganz kurz hier wohne, sind schon viele Sachen eingeräumt. Das Zimmer ist sehr groß. Das Nachbarzimmer hat mein Bruder. Er hat das Eckzimmer, beide Seiten zur Straße. Ich mache mir Gedanken, ob ich gut schlafe, so dass die Straßenseite nichts ausmacht. Er hat Musik angemacht, was mich stört, vor allem, weil es Fenster zwischen den Zimmern gibt. Ich schließe ein Fenster, weit oben, länglich, nicht hoch. Doch später sehe ich, dass es weitere offene Stellen gibt, ein Fensterrahmen, indem das Fenster fehlt, Regale. Das stört mich immens, außerdem kommt mein Bruder häufiger „unangemeldet" zu mir rüber und will etwas. Zusätzlich wohnt mein Vater in der Wohnung, da bin ich mir nicht ganz sicher, ob das gut geht. Er scheint ein eigenes Zimmer zu haben, wie meine Mutter auch. Ob*

meine Schwester auch hier wohnt, weiß ich nicht. Mein Va-
ter läuft auch in der Wohnung herum, während ich versu-
che, mich in meinem neuen Zimmer einzurichten. In dem
Zimmer von meinem Bruder steht an dem Fußende seines
Bettes noch eine Art Klappbett, evtl. für eine Partnerin oder
einen weiteren Mitbewohner. Das Abgrenzen scheint hier
sehr schwierig zu sein. Mein Bruder sagt zum Musikleiser-
machen: „Ja, Ja.", doch passieren tut nicht viel."

In der Zeit des Traumes habe ich in einer eigenen Wohnung gelebt, die
sehr ruhig lag, d.h., die Traumwohnung hatte keinen direkten Bezug
zu meinen tatsächlichen Wohnverhältnissen. Das deutet natürlich darauf hin, dass der Traum nicht das Wohnen widerspiegelt, sondern ein
psychologisches Grundthema und dieses spezielle Szenario auswählt,
um das Thema auch wirklich klar rüberzubringen. Da gibt es die Überlegung, ob der Straßenlärm von draußen ein Problem ist, die Wand
zum Zimmer meines Bruders ist alles andere als schalldicht (Fenster,
Löcher), mein Bruder kommt auch ungefragt in mein Zimmer, mein
Vater, zu dem ich kein gutes Verhältnis im Wachleben hatte, ist in der
Wohnung. Der Traum sagt es ganz explizit: „Das Abgrenzen scheint
hier in der Wohnung sehr schwierig zu sein."

Eine noch stärker dramatisierte Darstellung des Abgrenzthemas sind
Träume von Einbrechern, die in die Wohnung, in den privaten Raum,
eindringen wollen. In dem ersten Beispiel zur Traumarbeit (siehe Abschnitt „Praktisches Vorgehen – Beispiele) spielt das Thema Grenzen
setzen auch eine wichtige Rolle. Es lassen sich noch viele andere
Traumszenarien vorstellen, die mit Abgrenzen zu tun haben könnten,
z. B. sich mit Socken in einer nassen, öffentlichen Toilette befinden
(hier fehlen die Schuhe als „Abgrenzung").

Bei diesen Träumen stellt sich die Frage, wie man sein Bedürfnis
nach Rückzug und Privatsphäre in solchen Träumen umsetzen kann.
Auch das Bedürfnis, von anderen gesehen zu werden, dass man, was
Rückzug und Privatsphäre angeht, andere Einstellungen und Wünsche
als die andere Person hat, ist wichtig. In meinem eigenen Traumbeispiel sind grundlegende Dinge notwendig, von Baumaßnahmen (Wände) bis hin zu einer klaren Äußerung der Bedürfnisse, z. B. gegenüber
dem Bruder. Bei extremeren Varianten, zum Beispiel bei Einbrecher-
träumen, braucht man noch mehr Einfälle, um sich in den eigenen vier
Wänden sicher zu fühlen.

Diese Träume können helfen, im Wachleben bewusster darauf zu achten, in welchen Situationen abgrenzen bzw. das Setzen von Grenzen sinnvoll ist und die Frage zu bearbeiten, warum es in manche Situationen so schwer ist, sich abzugrenzen bzw. was einem in diesen Situationen einem helfen könnte, sich besser abzugrenzen.

Thema „Mir wird alles zu viel"

Im Leben der meisten Menschen gibt es Phasen, in denen man sich wünscht, dass der Tag mehr als 24 Stunden hat, weil man so viel zu tun und zu erledigen hat. Oder, es passiert im Umfeld eine „Katastrophe" nach der anderen. Eine sehr dramatische Darstellung dieses Themas im Traum ist die Flutwelle, die alles, inklusive einem selbst, verschluckt. Sprachmetaphern wie „mir steht das Wasser bis zum Hals" oder „über mir bricht alles zusammen" weisen auch in diese Richtung. Eine weitere Gruppe von Träumen, die dieses Thema sehr anschaulich darstellen, sind solche, die vom Zuspätkommen handeln. Zum Beispiel: Man möchte verreisen, doch hat noch nicht alles gepackt, es sind so viele Sachen, die gepackt werden müssen, so dass keine Chance besteht, den Zug oder den Flieger zu bekommen. Oder man wird nicht mit der Arbeit fertig, bzw. sobald man es erledigt hat, geht es wieder von vorne los. Oder es gibt so viele Baustellen im Leben, dass man gar nicht sich um alles kümmern kann. Gerade bei diesem Thema gibt es viele verschiedene Traumdarstellungen, die immer das gleichen Grundmuster inszenieren: „Mir ist gerade alles zu viel."

Auch hier hilft das Anschauen, was da im Traum erlebt wurde, um sich dann auszumalen, was man in dieser Situation gebraucht hätte, z. B. beim Flughafen anrufen, wann der nächste Flieger geht, weil man es nicht schafft, oder einen Termin verschieben, oder bei zu viel Arbeit sagt: „Ich brauche mehr Zeit. Ich brauche Hilfe." Gerade der letzte Punkt ist besonders in Berufszweigen, die chronisch unterbesetzt sind (wie der Pflegebereich), auch im Wachzustand eine Alternative, auch wenn sie nicht einfach umzusetzen ist.

Thema „Wie bewerten andere meine Leistung?"

In der Schule wird nicht nur gelernt, sondern die Schülerinnen werden regelmäßig getestet und geprüft. Es geht darum, festzustellen, ob sie all das, was im Lehrplan steht, auch mitbekommen und abgespeichert haben. Auch wenn Schule, Ausbildung, Studium abgeschlossen sind, schauen andere auf die Leistung, die man im Beruf bringt, gerade bei Berufsanfängerinnen. Die Chefin will wissen, ob die Mitarbeiterin ihr Geld wert ist, ihre Sache gut macht usw. Das heißt, dass viele Menschen sich Gedanken machen, wie andere die eigene Leistung bewerten. Dabei ist es ganz normal, sich darüber Sorgen zu machen, ob die Leistung gut gewesen ist, das Lernen ausgereicht hat, ob man mit wenig Lernen auch über die Runde kommt (weil Kinder oder auch Erwachsene lieber andere Dinge machen, wie Spielen oder Hobbys ausüben zum Beispiel oder Eis essen). Sie merken schon, um welche Träume es geht, es geht um die Prüfungsträume. Tatsächlich sind auch Prüfungsträume ein Thema, das viele Menschen kennen, z. B. unvorbereitet ins Mathe-Abi zu gehen, eine praktische Prüfung steht an oder bei Psychologiestudierenden das gefürchtete Fach Statistik. Bei meinem eigenen Prüfungstraumbespiel (kurz vor dem Beginn der Diplomarbeit in Psychologie zum Thema Traum) geht es um ein anderes Fach.

> *Traum (16.3.1991): „Ich muss eine Deutscharbeit bei Herrn Schall (früherer Deutschlehrer) schreiben. Es geht über Träumen und ist eine sehr lange Arbeit. Ich kriege es nicht auf die Reihe und habe Schwierigkeiten anzufangen."*

Tatsächlich war Mathe in der Schule mein Lieblingsfach und Deutsch am unteren Ende der Hierarchie, sonst wäre es vielleicht eine Mathe-Arbeit im Traum gewesen.

In einer repräsentativen Studie, die in Deutschland durchgeführt wurde, zeigte sich tatsächlich, dass jüngere Menschen deutlich mehr Prüfungsträume berichteten als ältere Menschen (Quelle: Schredl, 2010). Das könnte natürlich daran liegen, dass die Prüfungen nicht so lange zurückliegen, oder es könnte die Idee aufgreifen, dass junge Menschen sich mehr Gedanken darübermachen, ob ihre berufliche Leistung ausreichend ist. Dazu passt auch, dass in dieser Studie ein höheres Bildungsniveau mit mehr Prüfungsträumen einhergeht. Man könnte einerseits sagen: Je mehr Bildung, desto mehr Prüfungen musste man in seinem Leben ablegen. Aber eine genauso plausible Alternative ist, dass Personen in höheren Positionen auch sehr genau evaluiert werden, ob sie gut arbeiten, weil Fehler sich massiv auf den Umsatz des Unternehmens auswirken können. Interessanterweise zeigte eine Studie von einer französischen Kollegin, Isabell Arnulf, die junge Menschen untersucht hat, die sich dem Medizinertest unterzogen haben, dass die Personen, die Prüfungsträume hatten, in Durchschnitt etwas besser abgeschnitten haben (Quelle: Arnulf u. a., 2014). Obwohl das im ersten Moment paradox erscheinen könnte, macht es möglicherweise doch Sinn: Personen, die sich mehr Sorgen machen, wie sie bei der Prüfung abschneiden werden, bereiten sich vermutlich besser auf die Prüfung vor.

So stellt sich die Frage, was es bedeutet, dass man Prüfungsträume hat. Sigmund Freud, der selbst Prüfungsträume hatte, stellte fest, dass er immer von Prüfungen geträumt hat, die er im realen Leben bestanden hatte (er hatte eine Prüfung gemacht, die er nur durch das Wohlwollen des Prüfers, nicht durch das eigene Wissen, bestanden hat. Von dieser Prüfung hat er nicht geträumt.). Für ihn war das ein Hinweis, dass Prüfungsträume keine realistische Einschätzung der eigenen Leistungsfähigkeit geben (in der Regel eine sehr pessimistische Einschätzung), sondern dass es um die Befürchtungen handelt, was andere über die eigene Leistung denken könnten. Und dann wird auch klar, warum Prüfungsträume auftreten können, obwohl man die Schule, die Ausbildung, das Studium schon lange hinter sich gelassen hat.

Da ich als außerplanmäßiger Professor auch in geringem Umfang in Prüfungen eingebunden bin, hatte ich auch einige Träume, in denen ich der Prüfer war, z. B. eine Klausuraufsicht hatte. Da das im Wachleben selten der Fall ist, waren diese Träume auch von Problemen geprägt. Leider gibt es keine Studien zu den Träumen von Personen, die häufig Prüfungen durchführen. Das wäre spannend, vor allem natürlich die Frage, ob sie selbst noch Träume haben, in denen sie selbst geprüft werden.

Allerdings kann das Thema „Wie bewerten andere meine Leistung?" auch in anderen Traumszenarien dargestellt werden, z. B. eine Chefin, die negative Bemerkungen macht, oder Kolleginnen, die sich über einen lustig machen. Hier ist das Setting des Traumes näher an der Realität, doch neigen auch diese Träume zu einer maßlosen Übertreibung, einer massiv pessimistischen Einschätzung der eigenen Leistungsfähigkeit. Das liegt wahrscheinlich daran, dass man die Befürchtung hat, dass andere über einen so negativ denken könnten. Ob das tatsächlich der Fall ist oder nicht, steht auf einem ganz anderen Blatt.

Was ist zu tun, wenn solche Träume auftreten? Der Wunsch liegt klar auf der Hand, man möchte die Prüfung mit Bravour und Leichtigkeit bestehen, von allen anderen aufgrund der tollen Leistung bewundert werden (Anerkennung). Das ist der einfache Teil. Doch, was würden Sie machen, wenn Sie zum Mathe-Abi (oder Deutsch-Abi, in meinem Fall) gehen sollen und keine Ahnung von dem Stoff haben? Eine Lösung, die so gut wie nie im Traum vorkommt, ist folgende: Sie sagen: „Tut mir leid, ich bin nicht vorbereitet. Wann ist der Nachholtermin für diese Prüfung?" Dann gehen Sie nach Hause und beschäftigen sich mit dem Lernstoff. Auch, wenn diese Lösung im Wachleben nicht immer praktikabel ist, geht zunächst darum, den Druck aus der Traumsituation (die ja lange nach der realen Prüfung auftritt) rauszunehmen und zu sagen: Okay, wenn ich nicht vorbereitet bin, kann ich einen zweiten Anlauf nehmen. Im Wachzustand kann es sehr nützlich sein, sich bewusst zu machen, dass diese Befürchtungen, die bzgl. der eigenen Leistungsfähigkeit im Kopf herumschwirren ganz normal sind, und es auch bei Fehlern (es sind noch keine Menschen erfunden worden, die alles perfekt machen) eine zweite Chance gibt, die Aufgabe zu bewältigen.

Thema „Was denken andere Menschen von mir?"

Viele Menschen machen sich im Wachleben – zumindest gelegentlich – Gedanken, wie sie auf andere Menschen wirken, was andere Menschen von ihnen halten. Auch hier greifen die Träume zu drastischen Mitteln, diese ganz normalen Alltagsgedanken in sehr dramatischen Bildern darzustellen. Stellen Sie sich vor, Sie sind splitternackt in der Fußgängerzone Ihrer Stadt unterwegs, oder sitzen nur in der Unterwäsche bekleidet in einer wichtigen Besprechung. Das kann superpeinlich sein. Da kann man sehr leicht den Gedanken bekommen: Die anderen halten mich bestimmt für komisch, völlig durchgeknallt oder oder. Hier ist ein Beispiel aus meiner eigenen Traumsammlung.

Eigener Traum (17.3.1992): „Meine Mutter und ich sind zu einer Familie in einem Haus gezogen. Ich habe im Erdge-

schoss ein Zimmer neben dem Wohnzimmer. Ich will noch mal kurz zu unserem alten Zuhause joggen, um etwas zu holen. Nach einer kurzen Strecke merke ich, dass ich nackt bin und vor allem die Schlüssel vergessen habe. Ich drehe um und laufe zurück. Das erste Mal, dass jemand nackt in Walldorf (Heimatort) bei helllichtem Tage rumläuft. Ich biege von der Schwetzinger Straße in die Straße ein, in der das Haus steht. Etwas peinlich ist es mir schon, als mir auf dem Gehweg eine Familie auf dem Rad entgegenkommt, Vater, Kind, Mutter. Das Haus ist glücklicherweise offen, so dass ich nicht klingeln muss. Ich gehe in mein Zimmer. … (Im weiteren Verlauf des Traumes bin ich angezogen.)"

Was bei diesem Traumthema klar ist (auch in meinem Beispiel), ist, dass es nicht im Wachleben vorgekommen ist. Ob tatsächlich noch niemand nackt durch meinen Heimatort gelaufen ist, wie ich im Traum glaube, ist natürlich nicht ganz sicher, aber, ich bin mir ganz sicher, dass ich es noch nie getan habe. Es wird also keine reale Situation im Traum widergespiegelt, sondern der Traum nutzt die Bilder, um ein bestimmtes Thema darzustellen. In meinem Traumbeispiel ist nur ein bisschen Peinlichkeit da, von anderen nackt gesehen zu werden, es gibt jedoch auch hier eine bunte Vielfalt, in denen das Gefühle der Peinlichkeit viel stärker ist, gerade, wenn das Nacktsein bzw. inadäquat gekleidet sein, im beruflichen Kontext auftritt. Natürlich gibt es auch wieder die Möglichkeit, dass ganz andere Träume dieses Thema „Was denken andere von mir?" aufgreifen. In meiner Sammlung beispielsweise gibt es Träume, in denen ich fliegen kann, aber das versuche ich geheim zu halten (will nicht fliegend gesehen werden), weil ich befürchte, dass ich dann als komisch oder skurril gelten könnte. Also, ungewöhnliche Handlungen, die man im Traum macht, können auch auf dieses Thema hinweisen.

Wenn man dieses Grundthema im Traum identifiziert hat, stellt sich wieder die Frage, wie sich der Traum in die gewünschte Richtung entwickeln könnte. Für solche Traumsituationen würde es sich anbieten, wenn jemand vorbeikommt und einem Kleidungsstücke bringt. Das ist recht einfach. Im Wachzustand ist der Umgang mit dem Thema „Was denken andere über mich?" nicht so geradlinig, da ich nicht beeinflussen kann, was andere über mich denken. Der Ansatzpunkt ist das eigene Selbstwertgefühl bzw. die Frage: „Was denke ich über mich?"

Es ist durchaus vorstellbar, dass man befürchtet, dass andere negativ über einen denken, weil man selbst nicht so ganz zufrieden mit bestimmten Eigenschaften ist, die man hat. Solche Themen lassen sich im Austausch mit engen Bezugspersonen (Freundeskreis, Partner oder Partnerin) gut angehen, da viele Menschen die ein oder andere Seite an sich nicht mögen. Wenn ein solches Gespräch konstruktiv abläuft, können alle Beteiligen viel dazulernen.

Thema „Meine Bedürfnisse kommen zu kurz"

In einem durchgetakteten Leben kann es dazukommen, dass das ein oder andere Mal die eigenen Bedürfnisse zu kurz kommen, z. B. das Bedürfnis nach Ruhe, nach Spazierengehen, nach kreativen Aktivitäten, nach Lesen eines Krimis oder nach einem schönen Urlaub. Auch hier haben sich die Träume etwas einfallen lassen, wenn es um Bedürfnisse geht, die zu kurz kommen. Was ist ein Bedürfnis, das Sie auf keinen Fall für längere Zeit aufschieben können? Der Harndrang. Ein bisschen aufschieben ist möglich, wer hat das nicht schon erlebt, wenn man unterwegs ist, z. B. eine lange Autofahrt macht. Doch irgendwann muss es sein, sonst geht es buchstäblich in die Hose. Bei den oben genannten Bedürfnissen (Ruhe, Erholung) ist es nicht so dringend, das kann man über längere Zeiten ohne aushalten, auch wenn es insgesamt nicht gut für das eigene Befinden ist.

Die Toilettenträume, über die recht viele Menschen berichten, stellen ein solches Szenario dar. Das Traum-Ich muss dringend auf die Toilette, doch das mit dem Befriedigen dieses Bedürfnisses ist nicht so einfach: Die Toilette ist dreckig, nicht verschließbar, von außen einzusehen oder andere Leute stören. Das Resultat ist immer das Gleiche, sie können ihr Bedürfnis im Traum nicht befriedigen. Und meistens wacht man dann auf und muss dann tatsächlich auf die Toilette. Im Abschnitt „Von was träumen wir?" wird ausgeführt, dass dieser Harndrang nach dem nächtlichen Erwachen in den frühen Morgenstunden fast immer da ist, also nicht die Hauptursache des Toilettentraums sein kann. Da Toilettenträume auch eine Rolle in meinen Träumen spielen, möchte ich das Thema genauer beleuchten, weil ein Toilettentraum nicht gleich Toilettentraum ist. Etwa. 2,3% meiner Träume (bis Ende 2016) enthalten das Thema Toilette.

Tabelle: Toilettenträume (N = 297) aus eigener Serie (12.769 Träume)

Thema	Träume	Prozent
Traum-Ich möchte Toilette benutzen	55	18,52%
Traum-Ich uriniert	95	31,99%
Traum-Ich hat Stuhlgang	49	16,50%
Traum-Ich hat Harndrang, aber keine Toilette da	32	10,77%
Traum-Ich hat Darmdruck, aber keine Toilette da	4	1,35%
Traum-Ich hat Toilette benutzt, aber keine weiteren Infos	62	20,88%

In fast 50% war der Toilettengang erfolgreich, d.h., ich habe im Traum gepinkelt oder Stuhlgang gehabt, ohne dass irgendetwas real passiert ist. Ein weiterer Teil der Träume ist eher allgemein, dass ich auf die Toilette möchte (ohne direkt Harndrang zu spüren) oder ich im Traum die Toilette, z. B. kurz vor einem Vortrag besucht habe, ohne dass es näher beschrieben wird. D.h., es bleiben nur gut 10% der Träume übrig, in denen das klassische Toilettentraumthema vorkommt. Und von diesen 36 Träumen endeten nur 22 mit dem Aufwachen, in den verbleibenden 14 Träumen trat die unangenehme Situation mitten im Traum auf, der dann anders weiterging. Diese Analyse belegt recht deutlich, dass nicht alle Toilettenträume (vielleicht gar keiner) auf den realen Harndrang, der im Schlaf so gut wie immer vorhanden ist, zurückzuführen sind. Hier ist ein Beispieltraum, der mit Erwachen endet.

Traum (21.12.2015). „... Es sind noch Kostenvoranschläge von einem Arzt dabei, in dessen Arztpraxis ich jetzt bin. Auf dem Gang reden einige Leute miteinander, ein Arzt ist dabei. Ich will vorbei zur Toilette am Ende des Gangs. In dem einen Patientenzimmer linkerhand ist auch eine Toilette, doch das Zimmer ist besetzt. Ich schließe die Tür, die Toilette ist so 50er-Jahre. Ich setze mich, es ist noch einiges Gerümpel in der Toilette. Ich spüre meinen Harndrang, doch bevor ich pinkle, wach ich auf.“

Wenn solche Träume auftreten, dann ist der erste Schritt, dieses Grundmuster (es geht um Bedürfnisse) zu erkennen, weil es auf der Hand liegt, dass man den Traum nicht wörtlich nehmen sollte. Anders ist das natürlich bei Menschen, die urologische Erkrankungen oder Erkrankungen im Darmbereich, z. B. ein Reizdarm-Syndrom (Quelle: Lal und Whorwell, 2002), haben. Hier können solche Träume, Ängste, die im Umgang mit der Erkrankung bestehen, widerspiegeln. Doch bei Menschen ohne solche Erkrankung spielen im Wachleben Probleme bei der Befriedigung dieses Bedürfnisses so gut wie keine Rolle. Das heißt, der Traum hat dieses Bedürfnis gewählt, um das Thema Bedürfnisbefriedigung in einer dramatisierten Weise darzustellen. Diese Träume geben also einen Wink mit dem Zaunpfahl: Schau Dir Dein Wachleben genau an und prüfe, ob da nicht wichtige Bedürfnisse zu kurz kommen. Wenn man auf solche unbefriedigten Bedürfnisse stößt, ist es wichtig, sich Gedanken zu machen, was man ganz konkret im Alltag tun kann, um diesen wichtigen Dingen wieder mehr Raum zu geben. Das ist mittel- und langfristig wichtig für das innere Gleichgewicht.

Thema Autonomie

Der Mensch ist ein soziales Wesen, das in einem Umfeld, in einer Gesellschaft lebt. Hier gibt es viele Abhängigkeiten, zum einen im direkten familiären Umfeld, Eltern müssen sich um ihre Kinder kümmern, oder es gibt hilfebedürftige Verwandte usw. Aber auch im großen Kontext gesehen, sind wir auf andere Menschen angewiesen. Ob das die LKW-Fahrerin ist, der den nahe gelegenen Supermarkt beliefert, die Müllfrau, die Pflegekraft im Krankenhaus oder die Lokführerin bei der Bundesbahn. Unsere Gesellschaftsform ist sehr komplex, mit vielen Rädchen im Getriebe. Es ist leicht nachvollziehbar, dass das einzelne Rädchen den Eindruck haben kann, nicht viel bewirken zu können.
Auf der anderen Seite möchte der Mensch auch autonom sein, seine oder ihre eigenen Vorstellungen verwirklichen und umsetzen, das eigene Leben selbst gestalten. Das erfordert die Balance zwischen den Bindungen zu der Welt und den eigenen Wünschen. Vor allem bei Menschen, die auf die Hilfe anderer Menschen angewiesen sind. Ich denke hier zunächst an Kinder. Bei ihnen kann die Vorstellung Angst machen, wie das ist, wenn man plötzlich autonom, auf sich selbst ge-

stellt ist. Und dieses Thema wird tatsächlich in dramatisierter Form in Träumen aufgegriffen. In diesen Träumen sterben nahestehende Personen, z. B. die Eltern, Geschwister, sie sind dann weg. Bei Kindern ist der Verlust nahe stehender Personen ein recht häufiges Traumthema. Auch bei Erwachsenen können solche Träume auftreten. Dabei geht es nicht darum, dass die Person wirklich stirbt, sondern um das Thema: „Wie komme ich in der Welt zurecht, wenn ich auf mich allein gestellt bin?" Solche Gedanken können auch nach dem Beenden einer langjährigen Beziehung auftreten.

Diese Träume weisen auf das Thema hin, dass zwei Bedürfnisse manchmal im Widerspruch stehen können, das Bedürfnis nach Autonomie/Eigenständigkeit und das Bedürfnis nach Verbundenheit/Unterstützung.

Für Kinder, die solche Träume haben, geht es darum, die Verbindung zu den Eltern zu stärken, so dass die Kinder lernen können, dass sich verbunden fühlen und autonom sein sich nicht ausschließen, sondern Hand in Hand gehen. Es ist ein Lernprozess, Schritt für Schritt; jemanden ins kalte Wasser werfen, ist nicht der ideale Weg. Es kann auch Sinn machen, mit den Kinder zu besprechen, welche anderen Personen für sie da sind, selbst, wenn das Schlimmste eintreten sollte.

Bei Erwachsenen könnten diese Träumen noch ein weiteres Thema berühren, gerade, wenn im Traum eine Person stirbt, die einem ganz nahe ist. Ein solcher Verlust im Wachleben könnte sehr schmerzhaft sein und die Angst auslösen „Wie kann ich mit einer solchen Trauer zurechtkommen?" Es ist wichtig, sich klarzumachen, dass der Traum keine Vorhersagen macht, sondern die Frage stellt: „Was hilft Dir, wenn dieser Fall eintreten würde?" D.h., habe ich möglicherweise die Angst, die Trauer gar nicht aushalten zu können. Wen könnte ich um Unterstützung bitten? Wieder ist es wichtig, konkret in der Vorstellung durchzuspielen, welche Schritte für einen selbst notwendig sind, um mit einem solchen schmerzlichen Erlebnis konstruktiv umzugehen. Auch wenn es in Realität noch Jahre oder Jahrzehnte entfernt liegt, kann es beruhigend sein (auch für die nahe stehende Person selbst), zu wissen, was man in der Situation braucht.

Thema „Nicht zur Ruhe kommen"

In Zeiten, in denen es viele Anforderungen gibt, berufliche, familiäre, wünscht man sich manchmal, dass man einen Gang runterschalten und zur Ruhe kommen kann. Auch hier lassen sich die Träume sehr kreative Szenarien einfallen, um dieses Thema anschaulich darzustellen. Meine eigene Variante dieses Themas sieht so aus:

> *Traum (10.2.1993). „…Ich gehe nach draußen. Es regnet nicht mehr. Volkers Auto, dessen Schlüssel ich habe, steht quer in einer Parklücke, andere Autofahrer suchen Parkplätze. Ich fahre das Auto weg, um einen neuen, richtigen Parkplatz zu suchen. Doch das ist nicht einfach, da viele Fahrradständer herumstehen und der Bereich Fußgängerzone ist. Das Auto lässt sich schwer bremsen, ein typisches Traumauto. Ich kurve messerscharf an Pfosten vorbei und halte einmal kurz vor zwei Frauen. Ich drücke immer mit voller Kraft aufs Bremspedal."*

Trotz großer Kraftanstrengung schaffe ich es nicht, das Auto ganz zum Stillstand zu bekommen. Der Ausdruck „typisches Traumauto" im Traum kommt daher, dass das Thema schon einige Male in meinen Träumen aufgetreten ist. Es gibt jedoch noch krasser ausgestaltete Varianten dieses Themas: Man sitzt in einem Auto, es geht recht steil bergab und die Bremsen funktionieren nicht. Das kann mit Todesangst verbunden sein.

Auch diese Träume kommen nicht direkt aus dem Wachleben, sondern stellen – wie die gute Filmregisseurin – ein Thema sehr plastisch und emotional intensiviert dar. Wenn man dann verstanden hat, dass es um das Thema „Langsam machen" geht, stellt sich die Frage, was man ganz konkret im Alltag dafür tun kann. Das kann zum Beispiel sein, sich mehr Ruhepausen zu gönnen, einen Meditationskurs zu besuchen, oder für große Aufgaben, die anstehen, andere Menschen um Hilfe zu bitten und vieles mehr.

Thema „Die Welt ist böse"

Das Hören und Lesen von Nachrichten zeigt jeden Tag, dass in der Welt sehr schlimme Dinge passieren können, Kriege, Gewalttaten, Naturkatastrophen. In der Welt gibt es viel Leiden neben den schönen Dingen, die auch Bestandteil des Lebens sind. Besonders eingreifend und dramatisch sind Kriege, beispielsweise der Krieg, den Russland aktuell gegen die Ukraine führt. Auch in Deutschland hatten im Jahr 2000, nach einer Umfrage, die vom Institut für Demoskopie in Allensbach durchgeführt wurde, ca. 17% der Deutschen über 60 Jahre kriegsbezogene Träume, obwohl der 2. Weltkrieg damals schon seit 55 Jahren zu Ende war (Quelle: Schredl und Piel, 2006). Allerdings gab es auch in der jüngeren Bevölkerung Kriegsträume, ca. 7% der Befragten gaben das an. Das könnte natürlich einerseits an der Berichterstattung der Medien liegen, da Kriege fast allgegenwärtig an irgendeinem Ort in der Welt geführt werden. Allerdings könnte es auch sein, dass das Thema Krieg im Traum eine dramatisierte Darstellung des Gefühls „Die Welt ist böse" darstellt und nicht bezogen ist auf die ganze Welt, sondern auf das eigene Umfeld, sei es privat oder beruflich. Alle sind gegen einen, jeder denkt nur an sich usw. Das folgende Traumbeispiel beinhaltet Erfahrungen, die ich glücklicherweise noch nie in meinem Wachleben machen musste.

Eigener Traum (8.12.1985): „Ich bin in Walldorf (Heimatort). Die jetzige Regierung versucht, die Menschen in Unglück und Tod zu stürzen. Die Menschen selbst werden immer härter und irgendwann kommt es zum Ausbruch der Gewalt. Ich sehe, wie jemand Handgranaten auf Züge schleudert, die Waffen transportieren. Die explodierenden Handgranaten zerreißen diese Züge. Als er keine mehr hat, schießt er mit einer Panzerfaust auf ein Polizeiauto. Er trifft nicht genau, aber der Sprengstoffkopf detoniert noch. Überall kämpfen Menschen, jeder gegen jeden. Ich versuche zu fliehen, ohne in einen Kampf verwickelt zu werden. Ich sehe, wie sich Leute gegenseitig mit Mistgabeln zu erstechen versuchen. Schnell weg, denke ich. Ein junges Mädchen will mir mit einer Schaufel an den Kragen. Da ich viel schneller laufe als sie, wirft sie die Schaufel nach mir. Ich kann ohne Probleme ausweichen und laufe weiter. Irgendwann komme ich in einen anderen Teil des Landes, in dem Liebe und Brüderlichkeit die höchsten Leitsätze sind. Hier sind die Menschen anders als vorher. Ich fühle mich hier wohl und gerettet."

Das Traumbeispiel endet nicht als Alptraum, sondern gibt schon einen Hinweis auf das, was man gerne haben möchte. In den Begrifflichkeiten der gewaltfreien Kommunikation wird das als Bedürfnis nach emotionaler Sicherheit aber auch der Verbundenheit und Zugehörigkeit beschrieben. Ob es diesen friedlichen Teil des Landes, wie er im Traum vorkommt, tatsächlich in der Wachrealität gibt, mag dahingestellt sein. Doch, das ist ja auch nicht die Botschaft des Traumes. Es geht darum, sich im Wachleben um das Bedürfnis nach emotionaler Sicherheit zu kümmern. Es gibt auch andere Träume, die dieses Thema aufgreifen, z. B. das Beobachten von Gewalttaten, Flugzeugabstürzen, d. h., im Traum können die Dinge, die in der Welt passieren, direkt erlebt werden, nicht über die Medien. Gerade empathische Menschen können das Leid von anderen Menschen sehr gut mitempfinden.

Diese schlimmen Träume machen zunächst auf die Bedürfnisse nach emotionaler Sicherheit und Zugehörigkeit aufmerksam, wieder der Wink mit dem Zaunpfahl, weil der Traum ein Szenario ausmalt, wo diese Bedürfnisse so gar keine Chance haben („jeder gegen jeden" im Traumbeispiel). Wenn man den Eindruck hat, dass sich das Grundthema auf das eigene, engere Umfeld bezieht, ist es sicher sinnvoll, dieses Thema mit vertrauten Personen, die sich auch in diesem Umfeld bewegen, zu besprechen. Wenn der Traum sich auf das allgemeine Weltgeschehen bezieht, stellt sich die Frage, was man selbst gerne tun möchte, um der Welt zu helfen, in die Richtung der Utopie, die im Traum angeschnitten wird (Liebe und Verbundenheit), zu gehen.

Thema „Das Leben in vollen Zügen genießen"

Es gibt Momente im Leben, in denen alles passt, ein Naturerlebnis, die Nähe zu einem geliebten Menschen, ein tolles erotisches Zusammensein. Es ist ein unbeschreibliches Gefühl des Wohlfühlens, des Gesättigtseins, die Welt ist in Ordnung. Solche Gefühle kommen natürlich auch in Träumen vor. Eine spezielle Traumsorte ist hier besonders hervorzuheben, das sind die Flugträume, weil das Gefühl, so wie es im Traum erlebt wurde, nicht 1:1 aus dem Wachleben stammen kann, weil niemand ohne Hilfsmittel längere Zeit fliegen kann. Auch die Alltagsprache hat Metaphern, die dazu passen: „Auf Wolke 7 schweben", „im 7. Himmel sein", „Hochgefühle" usw. Flugträume werden von vielen Menschen berichtet und die meisten würden gerne häufiger vom Fliegen träumen. Hier ist ein konkretes Beispiel aus meiner Sammlung.

Traum (12.4.1995): „Ich bin in einem sommerlichen Ort, fla-che Häuser, weit auseinander, etwas hügelig. Mit mir geht eine Person, zu der ich warme Gefühle habe, wie zu guten Eltern. Ich kann fliegen und fliege niedrig über die Straße und bis an die Häuserränder hoch. Es macht sehr viel Spaß, ich fühle mich frei. Ich möchte es gerne der Person zeigen und damit akzeptiert werden."

Allerdings kann es auch bei Flugträumen zu Problemen kommen: Was ist, wenn ich nicht mehr fliegen kann?" Im folgenden Traumbeispiel ist die Angst vorhanden, von dem Ball zu rutschen und abzustürzen. Auch diese Metapher findet sich in der Alltagssprache, das Abstürzen der Gefühle. Das spiegelt die Angst wider, dass die tollen Gefühle ir-gendwann mal zu Ende gehen könnten.

Traum (16.5.1992): „Zuerst bin ich in einem großen Vorzim-mer eines noblen Hauses. Ein Typ borgt sich kurz das Ein-rad von mir aus. In der Zwischenzeit hüpfe ich auf einem Bein. Er kommt bald wieder und gibt mir das Rad. Frau P. zeigt jemandem ihr neugeborenes Kind. Ich beginne zu flie-gen und zwar sitze ich auf einem meiner weißen Jonglier-bälle. Ich fliege schnelle Runden in mittlerer Höhe, 2-3 Me-ter über dem Boden. Frau P. und G. bekommen das mit. Sie (G.) ermuntert mich, noch höher zu fliegen. Ich konzentriere mich, es klappt gut, schnelle Kreise bis unter die Zimmer-decke. Es macht viel Spaß, obwohl ich ein kleines bisschen Angst habe, vom Ball zu rutschen. Ich genieße das Gefühl und fange an Neues auszuprobieren. Erst sage ich mir, dass ich ganz entspannt bin. Das hilft, das Fliegen wird immer angenehmer. Dann lege ich mich zurück. Ich liege flach in Rückenlage. Da fange ich an herumzuwirbeln, sodass mir schwindlig wird. Ich stoppe das Ganze und lande sicher. (Einmal hatte ich die Erkenntnis, dass ich träume, bin je-doch weitergeflogen.)"

Von der Bedeutung heißt das, dass auch Flugträume nicht als 1:1 Ent-sprechung zu sehen sind, sondern ein Ausdruck für das Gefühl: „Das Leben ist schön." Auch hier können es andere Traumthemen sein, die in diese Richtung gehen, z. B. Verliebtsein im Traum, erotisches Ge-nießen, oder intensive Naturerlebnisse. Bei dieser Betrachtungsweise heißt das, dass es nicht spezifisch um das Verlieben, die Sexualität, oder Natur geht, sondern allgemein um das Gefühl des Wohlfühlens.

In diesem Sinne ist die Botschaft dieser positiven Träume sehr einfach. Der Traum will die Person ermuntern, sich mehr Gedanken zu machen, wie ganz konkret Aktivitäten in den Alltag eingebaut werden können, die in Richtung dieser wohltuenden Momente gehen.

Thema Spiritualität

Spiritualität ist für viele Menschen ein wichtiges Thema, so ist es nicht verwunderlich, dass es auch in den Träumen auftaucht. In einer eigenen Studie berichteten ca. 20% der Teilnehmer und Teilnehmerinnen, dass sie eine direkte Gotteserfahrung im Traum hatten, vor allem die Personen, die im Wachleben einen starken Glauben hatten (viele der Teilnehmenden waren katholisch) (Quelle: Schredl und Mönch, 2023). Um dieses Thema anschaulicher zu machen, möchte ich einige Träume einer Nonne aus einem Benediktinerinnenkloster vorstellen. Sie hat mich vor einigen Jahren kontaktiert, weil sie seit über 30 Jahren ihre Träume aufschreibt und davon berichten möchte, wie ihre Träume ihr im Alltag und im Glauben geholfen haben. Sie hat auch zugestimmt, dass die folgenden Träume in dem Buch aufgenommen werden dürfen.

> *Traum: „Als wir in der Kirche beteten um ½ 3 Uhr in der Nacht, schien die Sonne hell in die Kirche und wir staunten alle, wie nachts die Sonne so schön hell sein kann!"*

> *Anmerkung der Träumerin: „Dieser Traum hatte eine große Wirkung auf mich, auch in der Realität. Oft muss ich an ihn denken, wenn es dunkel scheint. Ich weiß jetzt, die Sonne ist auch nachts da."*

Der Traum ist ein gutes Beispiel dafür, dass Träume ihre Wirkung direkt entfalten können, ganz ohne Traumdeutung bzw. einer umfassenden Arbeit mit dem Traum. Das schöne Gefühl, das im Traum von der Träumerin erlebt wurde, befruchtete ihr Wachleben.

> *Traum: „Ein junger Mann führt mich zu einer Kapelle. Diese ist gerade im Bau, d.h. innen wird renoviert und es ist dunkel drinnen. Es hängt ein schwerer Teppich am Eingang, den ich zur Seite hebe, um nach innen zu schauen, wo der Altar steht. Da sehe ich, dass auch das Altarbild renoviert und ebenfalls der Altar neu gebaut wird, also eine einzige Baustelle."*

> *Anmerkung der Träumerin: „Mein Gottesbild wird neu ge-*
> *baut, renoviert und zwar durch die vielen Träume, durch die*
> *sich mein Gottesbild nach und nach total wandelt."*

Hier bezieht die Träumerin ihren Traum, in dem ein Kapelle umgebaut wird, als Entsprechung dafür, dass ihre eigenen Erfahrungen „reno-viert" und erneuert werden. Im nächsten Traum wird ein Thema aus dem Alltag einer Nonne thematisiert.

> *Traum: „Mit einem goldenen Kelch stehe ich am Altar und*
> *soll den Kranken die Kommunion bringen. Am Altar steht*
> *ein alter ehrwürdiger Abt mit hoher Autorität. Wie es mir*
> *oft geht in anderen Dingen, bin ich unschlüssig, und frage*
> *den Abt, ob ich den Kranken nur das Brot oder auch den*
> *Kelch bringen soll, (was für mich in der Realität keine Frage*
> *gewesen wäre). Der weise Abt sagt: „Das müsst ihr selbst*
> *entscheiden!" Ich denke bei mir, dass das doch sehr weise*
> *ist – die große Linie gibt er vor, aber in den kleineren Dingen*
> *redet er uns nicht rein, sondern überlässt es uns."*

> *Anmerkung der Träumerin: „Dieser Kirchentraum geht im-*
> *mer mit mir bei meinen Entscheidungen. Er hat mich sehr*
> *unterstützt, in großer innerer Freiheit meine eigenen Ent-*
> *scheidungen zu treffen im Leben."*

Die Erfahrung im Traum, dass eine hohe Autorität ihr die Entschei-dungsfreiheit gibt (und das Vertrauen, dass sie kompetent ist, diese Aufgaben zu erfüllen), hilft der Träumerin im Wachleben. Der nächste Traum greift ein Szenario auf, das der Träumerin Angst macht, aber bietet ein sehr schönes und anschauliches Bild für den spirituellen Weg im Allgemeinen.

> *Traum: „Ich bin in einem Wald. Rechts war eine Schonung*
> *mit jungen Bäumchen. Ich bin nicht allein, denn neben mir*
> *geht ein Mann und er biegt jetzt nach links ab, mehr als ein*
> *rechter Winkel. Ich weiß, dass er den Weg kennt, deshalb*
> *verlasse ich mich auf ihn und bin ruhig, obwohl ich den Weg*
> *nicht kenne und auch nicht das Ziel."*

> *Anmerkung der Träumerin: „Da ich immer Angst im Wald*
> *habe, ist dieser Traum doppelt so tröstlich und gibt mir Mut*
> *und Zuversicht im aktuellen Leben."*

Diese kleine Auswahl an Träumen zeigt, wie viel Träume zum Wachleben beitragen können, besonders in den Themenbereichen, die uns am Herzen liegen.

6 | Praktisches Vorgehen

Das Arbeiten mit Träumen kann in verschiedenen Kontexten ablaufen, man kann für sich selbst mit den Träumen arbeiten, sich mit nahe stehenden Personen/Freundinnen zusammentun, eine Traumgruppe gründen, oder auch innerhalb einer psychotherapeutischen Behandlung mit Träumen arbeiten. Historisch gesehen hat das therapeutische Arbeiten mit Träumen mit dem Buch „Die Traumdeutung" von Sigmund Freud begonnen, die Traumdeutung wurde als eine der Behandlungstechniken in der Psychoanalyse eingesetzt. Auch Tiefenpsychologinnen nach C. G. Jung setzen die Träume in der Therapie ein. Das Arbeiten in Traumgruppen wurde in den 1970er-Jahren durch Autorinnen wie Patricia Garfield und Ann Faraday populär gemacht (Quellen: Garfield, 1980; Faraday, 1985). Das vorliegende Buch geht auf das selbständige Arbeiten und das Arbeiten mit anderen Personen ein. Allerdings kann diese Umgangsweise, die hier im Buch vorgestellt wird, auch im professionellen Kontext angewendet werden. Gerade, wenn die Träume sehr belastend sind, möglicherweise eine psychische Erkrankung wie Depression oder eine Posttraumatische Belastungsstörung vorliegen, kann es zu schwierig sein, selbständig mit den Träumen zu arbeiten. Hier würde ich auf jeden Fall das Aufsuchen einer geeigneten Psychotherapeutin empfehlen. Interessanterweise kommt das Arbeiten mit Träumen nicht nur in der Tiefenpsychologie/ der Psychoanalyse vor, sondern auch in anderen Therapierichtungen wie der Gesprächspsychotherapie, der kognitiven Verhaltenstherapie, der Gestalttherapie und vielen mehr (Quelle: Schredl u. a., 2000).

Schritte der praktischen Traumarbeit

In der Übersicht werden die Schritte der praktischen Arbeit dargestellt, die einen Leitfaden bieten sollen, diese Arbeit selbständig oder mit anderen zu machen. Spezifische Punkte, die sich auf das selbständige Arbeiten und die Traumarbeit in Gruppen beziehen, folgen in den weiteren Abschnitten. Im Kapitel zum praktischen Vorgehen können

Sie nachvollziehen, wie diese einzelnen Schritte in der Arbeit mit der Träumerin konkret umgesetzt werden.

> **Schritte der praktischen Traumarbeit**
>
> • Identifizieren des/der Grundmuster im Traum
> • Gibt es das/diese in meinem aktuellen Wachleben?
> • Was brauche ich im Traum? Was hilft mir?
> • Gibt es etwas Konkretes, das ich in meinem Wachleben tun kann?

Der erste Schritt bezieht sich auf das Identifizieren der Grundmuster im Traum, das kann ein einziges Thema sein, z. B. Vermeidung, aber, in einem längeren Traum können viele verschiedene Themen stecken. Eine Übersicht über wichtige Grundthemen enthält das vorangegangene Kapitel. Falls Sie Ihren Traum nicht zu einem oder mehreren dieser Themen zuordnen können, gibt es zwei Wege, das Grundmuster klarer zu bekommen. Die erste Idee ist es, den Traum in einer abstrahierten Form zu beschreiben. Darunter versteht man, die grundlegenden Handlungen und Gefühle zu benennen, ohne die spezifischen Einzelheiten des Traumes miteinzuschließen. Bei einem Verfolgungstraum ist das recht einfach: „Ich habe Angst und laufe weg." Und da ist es nicht wichtig, was für ein Setting ist, wie der Traum angefangen hat, wie das Monster aussieht usw. Bei anderen Themen kann es schwieriger sein, so können komplexe Träume beispielsweise vielschichtige Themen beinhalten: „Jemand anderes hat etwas gemacht, was mich total geärgert hat. Statt was zu sagen, habe ich mich zurückgezogen." Oder „Die äußeren Umstände haben verhindert, dass ich das bekomme, was ich mir wünsche." Oder „Jemand war gemein zu mir, das tat mir weh."

Die zweite Idee bezieht sich wieder auf die Analogie zwischen Traum und Filmemachen. Stellen Sie sich vor, der Traum wurde von einer Regisseurin inszeniert. Welches Grundthema, welche Botschaft will die Regisseurin mit dem Film rüberbringen? Beim Verfolgungstraum ist es wieder sehr einfach, da ist die Botschaft „Weglaufen bringt nichts." In der Traumarbeit 5 im Kapitel „Praktische Traumarbeit – Beispiele" ist es schon komplexer, da geht es um das Thema Vertrauen in die eigene Intuition. Auch Märchen beinhalten in der Regel bestimmte Themen. Bei „Frau Holle" geht es ums brave Arbeiten. Bei „Hans im Glück" ist die „Moral der Geschichte", dass man keinen Reichtum braucht (ist nur schwer beim Tragen), sondern man kann das Leben im Hier und Jetzt genießen. Bei den Märchen mit einem Drachen soll sich der Prinz der Angst stellen, wenn er das gemacht hat, der Drache besiegt wurde, bekommt er die Prinzessin und sie leben glücklich bis an ihr Lebensende. Bei der Analogie zu Film oder Märchen ist auch die Idee interessant, dass die Personen aufgrund ihrer Qualitäten für den Traum (oder den Film) ausgewählt wurden, und nicht unbedingt, weil es um die spezifische Person geht, sondern um ein bestimmtes Thema, für das sich gerade diese Person als „Stand-In" gut eignet. So kann z. B. eine Ex-Partnerin auftreten, wenn es um das Thema Beziehungen geht, was aktuell gerade eine Rolle im Wachleben spielt, weil Sie einen neuen Mann kennen gelernt haben.

Wenn Sie das Grundmuster bzw. mehrere Grundmuster im Traum identifiziert haben, geht es darum, nachzuspüren, ob diese Grundmuster aktuell im Wachleben eine Rolle spielen (Schritt 2). Es sollte ein aktueller Bezug da sein, sonst wäre der Traum nicht genau zu diesem Zeitpunkt aufgetreten. Es gibt natürlich auch grundlegendere Themen, die schon lange da sind und vielleicht aktuell nicht direkt im Fokus stehen, doch genaueres Hinsehen bestätigt meistens, dass dieses Thema immer noch „gärt" und eine bewusste Bearbeitung sinnvoll ist. Bei diesem „In-Beziehung-setzen" spielt vor allem der Gedanke eine Rolle, dass der Traum das Thema in einer dramatisierten, manchmal sehr stark dramatisieren Form darstellt. Ein kleines bisschen Hilflosfühlen im Wachen kann zu dem Erleben von Todesangst im Falltraum führen. Oder ein Wutgefühl im Wachen wird durch Mord und Totschlag im Traum widergespiegelt.

Diese beiden ersten Schritte zeigen, dass der Traum darauf hinweist, dass es ein Thema gibt, dass bearbeitet werden möchte, bzw. dass es sich lohnt, es zu bearbeiten, besonders, wenn es im Traum nicht nach den eigenen Vorstellungen, Wünschen und Bedürfnissen abgelaufen ist. Und hier schließen sich die nächsten zwei Schritte an.

Beim dritten Schritt geht es darum, sich zu fragen, was man braucht: Was tut mir in der Situation gut? Welches Bedürfnis habe ich? Was möchte ich gerne in der Situation? Die Kunst dabei ist es, sich den

Weg von der Situation, wie sie im Traum aufgetreten ist, zu dem Zustand, den man gerne haben möchte, möglichst konkret auszumalen. Z. B. Wie hole ich Hilfe? Was sage ich zu dieser Person? Was mache ich, wenn die Situation gemeistert ist? Wie fühle ich mich, wenn ich eine schöne Lösung gefunden habe? Fühle ich mich sicher, wohlig usw.?

Der vierte und letzte Schritt bezieht sich auf das Umsetzen von Ideen im Wachzustand. Hier ist Vorsicht geboten. Für die Träume gilt allgemein, dass sie die Wachrealität nicht 1:1 übernehmen, sondern kreativ sind. So gilt auch umkehrt zu beachten, dass keine Lösungen vom Traum 1:1 ins Wachleben übernommen werden sollen. Stellen Sie sich vor: Sie hatten einen Traum von der Arbeitsstelle, auf die Sie sich beworben haben, und der Traum verlief extrem unangenehm. Wenn Sie daraus die direkte Botschaft ableiten, „Ich soll die neue Stelle nicht annehmen", würde ich sehr stark zur Vorsicht raten. Der Traum kann – ganz unabhängig von der neuen Stelle – Ihre Ängste bzgl. Veränderung und neuen Herausforderungen darstellen, d.h., er zeigt, dass es für Sie wichtig ist, dieses Thema anzugehen. Und, es könnte durchaus sein, dass es sinnvoll ist, die neue Herausforderung anzunehmen. Der Traum sagt zunächst nur: „Bitte schau genau hin" und „Überlege Dir bzw. male Dir aus, was Deine Bedürfnisse und Wünsche sind." Ein Beispiel für das praktische Umsetzen ist in Traumarbeit 2 (Kapitel Praktische Traumarbeit – Beispiele) zu finden. Die Träumerin hat sich vorgenommen, mit der Person, die im Traum hilfreich war, in Kontakt zu treten und sich mit einem Zettel, den sie tagsüber anschaut, bewusst zu machen, dass man auch in ungewissen Situationen entspannt und fröhlich sein kann.

Selbständiges Arbeiten

Zunächst empfiehlt es sich, ein Traumtagebuch zuzulegen und regelmäßig die Träume am Morgen aufzuschreiben. Das verbessert zum einen die Traumerinnerung und zum anderen kann man sehr schön sehen, wie sich die Träume über die Jahre entwickeln. Ich selbst führe seit September 1984 ein Traumtagebuch, mit inzwischen über 18.000 Träumen. Beim Aufschreiben muss man in der Regel einen Kompromiss zwischen Aufwand und Ausführlichkeit finden, es kann schnell eine halbe Stunde vergehen, wenn man einen sehr langen und ausführlichen Traum hat. Da es bei diesem Ansatz um Gefühle, aber auch um Gedanken geht („Wie reagiere ich auf die Situation?" oder „Was denke ich, dass andere denken?"), ist es wichtig, diese auch in den Bericht mitaufzunehmen und sich nicht nur auf die Action („Was ist passiert?) zu konzentrieren. Da ich schon etwas älter bin, schreibe ich meine Träume mit der Hand. Es ist allerdings auch denkbar, dass man sie direkt in einen Computer oder sogar in eine spezielle Traumsoftware eingibt, die Verschlagwortung und Kommentare erlaubt. Manche Personen sind morgens schreibfaul und sprechen den Traum auf einen Audiorekorder oder in ihr Smartphone. Tatsächlich konnten wir in einer eigenen Studie zeigen, dass die Personen, die in der Audio-Bedingung waren (die Hälfte der Teilnehmenden), dreimal so lange Traumberichte produzierten, wie die Personen in der klassischen Aufschreib-Bedingung (Quelle: Schredl u. a., 2019). Allerdings, und das war auch Teil der Studie, fiel es den Personen mit den Audio-Berichten viel schwerer, Zusammenhänge zwischen Traum und Wachleben herzustellen. Das scheint einleuchtend, da man bei dem schriftlichen Bericht den Überblick hat, was alles im Traum passiert ist, während man bei dem Audio-Bericht alles wieder durchhören muss, vor allem wenn es um Einzelheiten geht. Deshalb ist mein Vorschlag, das gute, alte Aufschreiben zu nutzen. Das erleichtert auch das Nachverfolgen von Themen, wie diese sich durch das Arbeiten an den Träumen verändern. Je nach Lebenssituation können ganz verschiedene Themen in den Träumen präsent sein.

Wenn man sich an viele Träume erinnert (das kann passieren, wenn man regelmäßig Traumtagebuch führt), kann es schwer werden, eine Auswahl der Träume zu treffen, mit denen man arbeiten möchte. Ich kann Ihnen versichern, dass ich nicht alle 18.000 Träume bearbeitet habe. Doch, ich kann Sie beruhigen. Letztendlich spielt es keine Rolle, welche Träume Sie für die Arbeit auswählen. Wenn das Thema wichtig ist, wird es wiederkommen, und es gibt eine neue Chance. Die meisten Menschen wählen vor allem interessante, bizarre und intensive Träume aus, was auch Sinn macht, weil diese Träume die Themen beinhalten, die einem besonders am Herzen liegen. Nur bei den Alpträumen neigen manche Menschen dazu, gerade diese nicht aufzuschreiben. Wenn Sie zu dieser Gruppe gehören, würde ich empfehlen, sich aktiv mit Ihren Alpträumen auseinanderzusetzen, weil es wichtig und letztendlich auch einfach ist, die „bösen" Alpträume anzugehen (Quelle: Pietrowsky und Thünker, 2014).

Bevor Sie mit der konkreten Arbeit an Ihren Träumen beginnen, würde ich Ihnen empfehlen, die Beispiele zur Traumarbeit im nächsten Kapitel durchzulesen, nicht, weil dort Ideen für Ihren eigenen Traum zu finden sind, sondern damit Sie das Gefühl dafür zu bekommen, wie man vorgehen kann, ohne die „klassische" Methode der Deutung anzuwenden. Wie bereits in dem Abschnitt „Wie kann ich aus Träumen lernen? Traumarbeit versus Traumdeutung" ausgeführt, ist das Traumdeuten tief in unserer Kultur verwurzelt, sowohl die Idee, dass Träume die Zukunft vorhersagen können als auch, dass Träume die via regia (den Königsweg) zur Kenntnis des Unbewussten im Seelenleben (Sigmund Freud) darstellen. Vorschnelle Deutungen, möglicherweise Deutungen überhaupt, können für das Arbeiten mit den Träumen, für das tiefere Verstehen des Traumes störend sein. Wenn beispielsweise ein Phallussymbol auftaucht, kann es möglicherweise auf etwas Sexuelles hinweisen oder auch nicht. Aber das Wissen über diese Deutung hilft in der Regel nicht, den Traum besser zu verstehen, oder dabei, etwas aus dem Traum zu lernen. Eine Deutung in dem Sinne, dass das Tier im Traum mit meiner eigenen animalischen Natur in Verbindung steht, mag zwar interessant klingen, es ermöglicht jedoch keine eingehendere Betrachtung, welche Grundmuster im Traum sind, um deren Bezug zum aktuellen Wachleben herzustellen. Deshalb ist es wichtig, wenn man beginnt, selbständig mit Träumen zu arbeiten, sich selbst vom Traumdeuten abzuhalten. Spannend kann es allerdings sein, nach dem man mit dem Traum gearbeitet hat, diese Deutungsideen (die man für die Arbeit beiseitegelegt hat) wieder anzuschauen und zu prüfen, ob es tatsächlich für den speziellen Traum etwas gebracht hätte. Meistens stellt man fest, dass die Deutungen viel zu allgemein sind und der Traum viel, viel persönlicher gesehen werden muss.

Eine weitere „Falle" bei der Arbeit mit Träumen kann sein, dass man den Traum zu schnell erklärt, z. B. „Ich habe mit meiner Mutter am Vorabend telefoniert, deshalb habe ich von ihr geträumt." Oder „Diese komischen Gestalten kamen in dem Film vor, den ich gestern gesehen habe. Kein Wunder, dass ich davon träume." Auch wenn das Gespräch oder der Film möglicherweise der Anlass für den Traum gewesen sein kann, ist aus der Tatsache, dass der Traum das Erlebte aufgreift, nicht viel an Erkenntnis zu gewinnen, außer der Idee, dass einem das Gespräch oder der Film vielleicht doch näher gegangen ist, als man zunächst gedacht hat. Aber spannend wird es natürlich dann, wenn man schaut, welche Aspekte des Gesprächs oder des Films aufgegriffen wurden und welche nicht (es wird ja nie 1:1 nachgeträumt). Daran schließt sich die Frage an, ob es überhaupt um die Beziehung zur Mutter geht oder ob es allgemeiner gesehen um den Umgang mit Menschen geht, die Eigenschaften wie die Mutter haben. Wie bereits schon angesprochen, schließt sich das nicht gegenseitig aus, sondern kann beides betreffen. Im Falle des Films könnte es sein, dass der Film ein Thema berührt hat, das aktuell bei Ihnen wichtig ist.

Es macht Sinn, sich kurze Notizen über die Ergebnisse der vier Schritte zu machen. Gerade bei den Grundmustern werden Sie feststellen, dass bestimmte Themen immer wieder und in ganz vielfältigen Formen auftreten. Das ist sehr hilfreich, weil dann immer mehr unterschiedliche Blickwinkel auf dieses Thema dazukommen und es so umfassender verstanden werden kann. Bei meinen eigenen Träumen ist beispielsweise das Thema Abgrenzen (siehe Traumbeispiel im Abschnitt Thema Grenzen setzen) ein „Dauerbrenner"; es wird in vielen Variationen durchgespielt. Auch hier können Sie – wenn Sie über längere Zeit dabeibleiben – sehen, wie sich die Grundthemen und der Umgang damit im Traum verändern. Dieses Verändern der Träume ist ja ein Bestandteil der Alptraumtherapie, da wird gezielt die Veränderung angestrebt, um die belastende Qualität der Träume zu reduzieren. Beim Verstehen der Träume ist das Ziel allgemeiner, obwohl sich auch hier durch die Beschäftigung mit den Träumen und den damit verbundenen Wachthemen das Traumleben selbst – zum Positiven – verändert.

Arbeiten mit anderen

Neben dem selbständigen Arbeiten besteht die Möglichkeit, mit einer nahe stehenden Person, Freund/Freundin, Partner/Partnerin, Familienmitgliedern, oder einer Gruppe von Gleichgesinnten (das wird auch als Traumgruppe bezeichnet) an den Träumen zu arbeiten. Wenn Sie alleine mit den Träumen arbeiten, kann das sehr bereichernd sein. Diesbezüglich habe ich selbst viele Erfahrungen gemacht. Es kann allerdings vorkommen, dass man dabei auf „blinde Flecken" stößt, das sind meistens Themen, die für Außenstehende völlig klar und einfach zu sehen sind, während man selbst betriebsblind ist. Die Erklärung ist einfach, dieses Muster steckt schon so lange in einem drin, dass man es für normal hält und gar nicht darüber nachdenkt, dass es auch anders gehen könnte. Ein Klassiker ist hier „Ich muss alles alleine lösen." Da ist Input von außen oft sehr hilfreich, allerdings (siehe die Ausführungen im Folgenden) ist hier Fingerspitzengefühl angezeigt. Ein zweiter Aspekt, bei dem Unterstützung sehr wichtig ist, sind unangenehme Träume bis hin zu Alpträumen bzw. Träume, die mit unangenehmen Wachthemen verbunden sind, z. B. Themen, bei denen es um Gefühle der Scham geht. Wenn jemand mit dabei ist, als emotionale Unterstützung, und diese Person behutsam Fragen stellt, ist es leichter, in solche Bereiche vorzudringen und sie zu erkunden. Tatsächlich sind die meisten Menschen erleichtert, wenn sie diese unangenehmen Themen mit dieser Hilfe angehen, besonders bei Themen, über die sie bisher noch mit niemand anderen gesprochen haben.

Bevor es mit den Gesprächen über Träume losgehen kann, sollten noch Grundregeln beachtet werden, z. B. dass die Inhalte der Traumgespräche nicht herumerzählt werden. Diese Regeln müssen nicht immer explizit besprochen werden, weil solche Umgangsweisen in vertrauensvollen Freundschaften, Partnerschaften üblich sind. Besonders bei Traumgruppen ist ein kurzes Durchgehen von Gruppenregeln sinnvoll. Eine Regel heißt „Sei Dein eigener Chairman". Das bedeutet, dass es wichtig ist, auf das zu achten, was man braucht, wo die eigenen Grenzen sind usw. In der Gruppentraumarbeit kann es deshalb sinnvoll sein, die Person, die den Traum eingebracht hat, ab und zu, beispielsweise nach dem Ende einer der vier Schritte, zu fragen, wie es ihr emotional geht. Dadurch entsteht ein kleines Innehalten, und die Person kann nachspüren, was sie gerade braucht.

Besonders wichtig im Arbeiten mit anderen Menschen ist das Zurückhalten von Deutungen. Deutungen können eine Grenzüberschreitung darstellen, wenn man als außenstehende Person zu wissen glaubt, was der Traum bedeutet. Selbst in dem Fall, dass man mit der Deutung richtig liegt (was eher selten bis gar nicht der Fall ist), ist es für die Person nur bedingt hilfreich. Es ist viel schöner, wenn Fragen und die Unterstützung durch andere Menschen dazu führen, dass man selbst auf die Idee kommt, was der Traum beinhaltet und was man aus dem Traum lernen kann. In Traumgruppen, die ich früher geleitet habe, habe ich den folgenden Satz verwendet: „Die Deutung sagt mehr über die Deuterin aus als über den Traum." Das ist natürlich überspitzt formuliert, doch macht deutlich, dass man als außenstehende Person nur einen Teil von dem sieht bzw. nachempfindet, was die Träumerin selbst erlebt hat, d.h., diese Deutungen stammen aus der eigenen Perspektive. Besonders deutlich wird das natürlich, wenn der Wachkontext zum Traum gesucht wird, spätestens da wird es klar, dass es nicht ums Deuten, sondern ums Fragen und Zuhören geht.

Wichtige Regel

Die Träumerin ist die höchste Autorität, was die Bedeutung des Traumes angeht. Selbst wenn Deutungen von anderen geäußert werden, entscheidet die Träumerin, ob das für sie passt.

Als Einstieg in die gemeinsame Arbeit an Träumen kann es sehr sinnvoll sein, sich über die Ideen, die hier im Buch vorgestellt werden, zu unterhalten. So sind alle auf dem gleichen Stand und können dann voll in die spannende Welt der Träume abtauchen. Besonders schön ist es, sich regelmäßig zu treffen, weil schon nach kurzer Zeit eine Verbundenheit und ein angenehmes Gruppengefühl entstehen.

7 | Praktisches Vorgehen – Beispiele

In den folgenden sechs Beispielen werden die Schritte „Was hat der Traum mit meinem aktuellen Wachleben zu tun?" und „Was kann ich aus dem Traum lernen?" in Gesprächen mit einigen Träumerinnen durchgegangen. Alle Träumerinnen haben die Transkripte gegengelesen und waren einverstanden, dass sie ins Buch übernommen werden können. Um die Identität zu schützen, wurden kleine Veränderungen vorgenommen. Diese Beispiele sollen verdeutlich, wie man ganz pragmatisch an einen Traum herangeht und nacheinander die vier Schritte aus dem letzten Kapitel anwendet. Dadurch werden Erkenntnisprozesse bei der Träumerin in Gang gesetzt, die als hilfreich erlebt werden. Mir ist dabei wichtig, den ganzen Prozess darzustellen, es geht nicht immer gradlinig auf das Ziel zu, sondern der Weg kann etwas verschlungen sein. Das macht die Gespräche etwas umfangreicher für das Lesen. Eine Verkürzung auf der Traumarbeit auf das Endresultat – das ist der Traum und das ist die Erkenntnis aus dem Traum – ermöglich Ihnen nicht, die Art und Weise nachzuvollziehen, wie man an Träume herangeht. Und das ist besonders dann wichtig, wenn Ihre Träume ganz andere Themen beinhalten, als die Themen, die in den sechs Beispielen durchgearbeitet werden.

Traumarbeit 1: Das Bedürfnis nach Sicherheit

T (weiblich, 29 Jahre): „Der Traum hat damit angefangen, dass jemand mein Fahrrad geklaut hat. Also, es ist alles immer so wirr in Träumen, jemand hat mein Fahrrad geklaut und dann bin ich in einen Supermarkt gegangen, es war ein türkischer Supermarkt und bin rumgelaufen, und da waren viele Leute, und auf einmal hat sich das verwandelt in ein Restaurant, ein großes – ich weiß gar nicht, wie ich das nennen soll – wie viele Restaurants auf einmal, ein großer Veranstaltungsort. Und da waren ganz viele (und das ist auch was, was mich ganz stark irritiert, wo ich darüber nachdenke, diese Träume sind zutiefst rassistisch), wo die Bösen, ganz oft das Klischee vom bösen Mann, der eine andere Herkunft hat, einfach aussieht wie eine Person mit Migrationshintergrund. Und auch in diesem Traum, auf einmal ein riesiger Raum, ganz viele Männer, die syrisch, türkisch, arabisch aussehen, und alle Frauen sind auf einmal halb nackt, und werden gezwungen, irgendwas mit den Männern zu tun. Ich habe dann versucht, abzuhauen und bin erst nicht rausgekommen. Auf dem Weg ist mir irgendwie eine superattraktive Frau entgegengekommen, die mit mir rumknutschen wollte, die ich total nett fand, mit der ich kurz rumgeknutscht habe, und dann bin ich wieder abgehauen vor den Männern und bin rausgerannt. Und jemand hat versucht, mich festzuhalten, er hatte auch ein Gewehr in der Hand. Und dann hat er einen Moment weggeschaut, dann bin ich irgendwo unten drunter durchgeschlüpft und bin ins Freie gerannt und hinter mir sind 5 Männer hergerannt und ich bin ewig rumgerannt. Dann war der Traum zu Ende und ich wache auf."

M: „Bei dem Arbeiten mit Träumen, schaue ich auf zwei Themen. Das eine ist das Grundmuster, was steckt im Traum drin. Das Zweite ist es, sich die Frage zu stellen, was würde man brauchen, um mit der Situation, die im Traum aufgetreten ist, besser umzugehen. Bei dem Betrachten des Grundmusters ist die Idee wichtig, dass der Traum ganz normale Wachgefühle massiv übertreibt. Eben wie ein guter Filmregisseur, der nicht eine Person darstellt, die im Stuhl sitzt und denkt, da mache ich mir Sorgen oder so was, sondern versucht, auch Ängste plastisch und dramatisiert darzustellen. Um den Zusammenhang zum normalen Wachleben zu finden, geht es darum, das Grundmuster zu identifizieren: Was passiert da im Traum? Um dann zu schauen, ob es eine kleinere Version von dem Gefühl im Wachzustand gibt."

M: „Der Traum greift auf Szenarien zurück, um Ihnen im Traum auch Angst zu machen. Letztendlich geht es nicht darum, dass sie tatsächlich davor Angst haben, sondern dass der Traum ein Szenario wählt, bei dem er sicher sein kann, dass Sie weglaufen."

T: „Also klar, das ist eine Angst von mir, das kann ich ganz klar sagen, ich habe regelmäßig Angst davor, wenn ich nachts irgendwo unterwegs bin, oder irgendwas mache, wo ich denke, okay, das könnte gefährlich sein, da ist auf jeden Fall meine größte Angst nicht, dass ich ausgeraubt oder verprügelt werde, sondern dass irgendein Mann kommt und mich vergewaltigt. Da kann ich sagen, dass ist im Wachleben eine Angst von mir. Aber heißt das das unbedingt? Oder kann das auch irgendeine andere Angst sein, und der Traum nimmt sich ein Szenario, das auf jeden Fall beängstigend ist."

M: „Zunächst kann der Traum einfach widerspiegeln, dass Sie diese Angst im Wachzustand haben. Aber man kann sich auch überlegen, dass der Traum dieses Szenario deshalb nimmt, weil Sie tagsüber davor Angst haben. D.h., die Frage, die ich zuerst stelle, ist: Was für ein Handlungsmuster oder eben Grundmuster liegt dem Traum zugrunde?"

T: „Also, im Prinzip, ich bin in einer normalen Situation, in der ich keine Angst habe, die auf einmal zu einer beängstigenden Situation wird."

M: „Was sind die beängstigen Komponenten?"

T: „Menschen, Menschen und deren unberechenbares Verhalten."

M: „Das ist so eine Idee, ich bezeichne das gerne mit dem Thema abgrenzen, dass die anderen nicht nur mit anderen unberechenbare Sachen machen, was im Traum ja auch vorkommt, sondern dass Sie Angst haben, dass die Menschen mit ihnen was machen. Das scheint einen typischen Thema des Abgrenzens zu sein. Die anderen Menschen haben ihre eigenen Ideen und sie kümmern sich gar nicht so darum, was ich denke oder will."

T: „Ja."

M: „Vergewaltigung ist eine der dramatischten Formen von Grenzüberschreitung. Das heißt, hier könnte der Traum das Thema Abgrenzen aufgreifen und es in einer dramatisierten Form darstellen. Es ist auch wichtig, dass im Traum nichts passiert, aber sie Angst davor haben, dass Grenzüberschreitungen stattfinden könnten. Dabei muss es gar nicht um sexueller Gewalt gehen, sondern es könnte eine andere, weniger dramatische Art von Übergriff sein, z. B., mein Chef drückt mir schon wieder 5 Aufgaben auf, d.h., dass ich niemals ein Wochenende habe."

T: „Ja, ich muss vielleicht einmal dazu sagen, ich habe tatsächlich im realen Leben was Ähnliches erlebt, und habe auch seitdem diese Träume. Ich war auch in Therapie, ich habe darüber geredet. Ich habe die Person damit konfrontiert, es war damals ein Mitbewohner von mir, der auch ein Migrationshintergrund hatte, wo vielleicht auch irgendwas in meinem Kopf hängen geblieben ist. Und ich frage mich, ob das immer noch nachwirkt, das ist jetzt 8 Jahre her. Ich habe so viel darüber geredet, ich habe alles dafür gemacht, was man so tun kann, um das Erlebnis zu überwinden. Es kann doch nicht sein, dass ich immer noch jede Woche davon träume. Deshalb finde ich das ganz spannend, dass es einfach meine Version ist von absoluter Grenzüberschreitung, die supertoll eingeprägt ist bei mir, weil ich das mal erlebt habe, wie furchtbar das ist. Und nicht weil ich jetzt dauernd solche Situationen habe, wo ich daran denke oder das ernsthaft gefährlich finde. Sondern, es ist mein Extremszenario von Grenzüberschreitung. Und das immer wieder ausgelöst wird, wenn was ganz anderes passiert, vielleicht, weil mein Freund zu mir gesagt hat: „Julia, ich will heute Abend was mit Dir machen. Und DU musst Dir mal Zeit für mich nehmen, sonst bin ich sauer." Und ich mir denke, nein, will ich aber nicht. Ich will zum Sport, es kann ja so was sein, wieso denke ich, das schränkt mich ein, das beeinflusst mich negativ."

M: „Gibt es aktuell in Ihrem Wachleben etwas, wo sie sagen würden, das Thema „Sich abgrenzen" oder dass da irgendwas passiert, was mir zu viel werden könnte, oder was mir zu sehr unter die Haut geht."

T: „Ja, auf jeden Fall. Mein Partner, mit dem ich zusammenlebe, hat gerade eine superanstrengende Phase an der Arbeit und privat."

M: „Das kriegen Sie mit."

T: „Das kriege ich mich und das ist so doll geworden, dass ich gesagt habe, da kann ich Dir nicht mehr alleine damit helfen, dass er sich bitte irgendwo Hilfe suchen soll. Und das ist superakut gerade, und das ist voll das Thema von mir. Wie viel soll/kann/muss/will ich als Freundin da sein, und mich kümmern und unterstützen. Wo es irgendwann ein Maß erreicht, ich habe jetzt fast drei Nächte nicht geschlafen, ich kann nicht mehr."

M: „Was ist gesund für Sie?"

T: „Ja, genau, was ist gesund. Und die Grenze, das macht sonst uns beide kaputt."

M: „Es ist schon so was, wo sie merken, da will jemand möglicherweise über das hinausgehen, was für Sie gesund und gut ist."

T: „Ja, das macht total Sinn. Das hat mich superviel beschäftigt."

M: „Und da ist natürlich Vergewaltigung, von dem, was sie jetzt beschreiben, ist jetzt – relativ anschaulich – die dramatisierte Version davon."

T: „Das macht total viel Sinn. Das macht viel mehr Sinn, als mich zu fragen, wann ich in meinem Leben wirklich die Angst habe, vergewaltigt zu werden. Weil, so oft habe ich das nicht."

M: „Oder, dass Sie denken, das hängt immer noch nach. Es ist tatsächlich ein Gestaltungsmittel des Traums, Ihnen ein Thema direkt unter die Nase zu reiben. Der Wink mit dem Zaunpfahl. Von meiner Seite passt das recht gut. Und die zweite Seite ist, einfach zu überlegen, wenn Sie in einer solchen Situation sind, was brauchen Sie im Traum?"

T: „Zu allererst würde ich am liebsten nie in diese Situation reinkommen, dass ich so bedroht werde."

M: „Das ist so der Klassiker, was viele machen wollen. Natürlich ist das nicht möglich, der Wunsch ist zwar verständlich, aber .... Es ist eine Vermeidung: Ich vermeide alle Stressoren, die mich plagen könnten, dann ist mein Leben schön, aber so funktioniert es nicht."

T: „Na gut, was ich im Traum mache, ist Weglaufen."

M: „Genau, das Weglaufen ist ein typisches Traumthema. Und das Erste ist, was man aus den Verfolgungsträumen lernt, ist – das ist auch in Ihrem Traum wichtig – Weglaufen ist nicht unbedingt eine erfolgreiche Bewältigungsstrategie."

T: „In dem Traum hat es tatsächlich funktioniert. Dann haben sie aufgehört, mich zu suchen. Tja, was ich bräuchte, wäre, also erstmal den Mut und die Einsicht, mich lautstark zu wehren: „Halt, das geht so nicht." Aber, in dem Traum, das sind 20 Männer, da hätte ich keine Chance, wenn ich rumschreie. Also, ehrlich gesagt, ich rede jetzt nur von diesem Traum, und nicht vom echten Leben, ich bräuchte sehr, sehr viele Leute, die mich unterstützen und schützen, und ich bräuchte irgendeine Waffe."

M: „Ah, okay."

T: „Das ist das einzig Realistische, wenn ich den Traum wirklich als echt nehme. Da stehen 20 ausrastende Männer vor mir, dann bräuchte ich entweder 50 Polizisten, die mich schützen oder ein Gewehr, damit die nicht an mich ran treten. Ich wüsste nicht, wie sonst."

M: „Nehmen wir einmal an, Sie wählen jetzt die Lösung mit den 50 Polizisten. Wie würde das weiterlaufen? Da kommen 50 Polizisten reingestürmt, was machen die?"

T: „Die sagen: „Halt stopp, hören Sie sofort auf, diese Frau zu bedrohen oder wir nehmen sie fest." Und wenn sie immer noch nicht aufhören, dann kommt wieder die Waffe. Gut, bleiben wir erstmal dabei, sie sagen: „Hören sie auf damit", dann hören die auf. Weil sie sonst verhaftet werden."

M: „Was machen Sie dann? Wie geht's Ihnen dann, wenn die Polizisten die Lage übernehmen?"

T: „Dann ist eine nette Polizistin dabei, die nimmt mich dann in den Arm und begleitet mich nach draußen und geht noch einen Tee mit mir trinken und sagt: „Wenn was ist, können Sie mich anrufen." Und dann gehe ich nach Hause."

M: „Das hört sich doch gut an."

T: „Ja."

M: „Fühlen Sie sich dann sicher?"

T: „Ja... Ja."

M: „Das ist schon alles. Die Grundidee, warum ich vorhin bei der Waffe ein bisschen vorsichtig nachgefragt habe, ist, dass viele Leute denken, sie müssten im Traum alles alleine regeln."

T: „Wie im echten Leben auch."

M: „Das wollte ich erst im nächsten Satz sagen. Die Idee ist, dass es professionelle Hilfe ist, könnte auch für das Wachproblem eine Rolle spielen. Sie haben sich vorgestellt, sie bekommen Hilfe. Und dann haben Sie sich sogar noch eine zweite Helferin dazu engagiert, die sich dann auch direkt um Sie kümmert, wie es ihnen geht. Das sind ja ganz wichtige Dinge. Der Traum zeigt, was an Bedürfnissen aktuell möglicherweise im Wachleben zu kurz kommt. Bzw. bei denen Sie Angst haben, dass sie zu kurz kommen könnten."

T: „Also, es ist letztendlich schon so, dass dieses alte Thema noch irgendwo tief in meinem Gehirn festsitzt, das war ein furchtbares Erlebnis und das ploppt immer mal wieder auf, tatsächlich, weil ich im Alltag auch oft daran denke, weil das im Keller passiert ist. Und wenn ich in den Keller gehe und mein Fahrrad abstelle, Momente habe, wo ich denke: Huch, kommt da gleich jemand um die Ecke. Aber, bisher habe ich gedacht, dass die Träume daher kommen und war ein bisschen ratlos und dachte: Was soll ich noch machen, ich habe ich alles getan, was man dagegen tun kann. Man kann sagen, wenn ich einen Alptraum habe, dann hat das im Normalfall einen realistischen Anknüpfungspunkt an das aktuelle Leben."

M: „Das ist die Idee, die dahintersteckt. Es ist natürlich auch so, dass man einfach Alpträume haben kann von Erfahrungen, die man früher einmal gemacht hat, da spricht gar nichts dagegen und da ist eher so die Idee, dass man sagt, okay, das Thema war mal und fertig. Das heißt, Träume können solche Ereignisse widerspiegeln, da gibt es Einiges an Studien dazu. Aber, wie gesagt, in Ihrem Fall, scheint es tatsächlich so zu sein, dass der Traum dieses Szenario gewählt hat, um Ihnen etwas unter die Nase zu reiben, der Wink mit dem Zaunpfahl. Es geht um ein aktuelles Thema, bei dem Sie das Gefühl haben – nicht so ausgeprägt wie im Traum – dass da über Ihre Grenzen marschiert wird. Bei der Überlegung, was Sie brauchen, war die Antwort schnell da. Sie brauchen sowohl professionelle Hilfe, die die Sache in den Griff bekommt, und auch jemanden, der sich um sie kümmert. Das war, glaube ich, ganz spontan, und es klang so, als ob da wirklich ein Bedürfnis ist. Bei Paarkonflikten, gerade wenn man länger zusammen ist, ist es natürlich so, dass der Stress des Partners Sie selber auch belastet. Und da ist natürlich auch die Frage: Brauchen Sie selbst dann Hilfe?"

T: „Ja, die Frage habe ich mir auch schon gestellt."

M: „Die Träume zeigen –wenn man sie genauer anschaut – was man so an Bedürfnissen hat. Und ich fand, der Traum hat sich supergut geeignet."

T: „Ja, total, mir ist ein großes Licht aufgegangen. Also, wirklich, weil mich das immer wieder beschäftigt und ich denke, ich muss da mal wieder an diese Situation."

M: „Es geht letztendlich gar nicht konkret um diese Situation. Weil Sie eben die Erfahrung haben, wählte der Traum – wenn er was Bedrohliches inszenieren will – das Szenario aus."

T: „Ah, ja."

M: „Wie geht es Ihnen jetzt mit dem Traum, den sie jetzt erzählt haben?"

T: „Es hat mir auf jeden Fall super viel geholfen. Also, vielen Dank. Ich bin auf jeden Fall froh, dass wir das gemacht haben. Weil mich das ziemlich viel beschäftigt. Wie gesagt, weil ich das nicht mehr so oft habe, vielleicht einmal im Monat oder so, aber immer wieder dieses Thema, das mich ein bisschen ratlos gemacht hat, warum immer wieder diese alte Geschichte rausgekramt wird, wo ich eigentlich denke, ich habe die, so gut es geht, verarbeitet. Es wird immer ein bisschen Angst sein, aber es erleichtert mich gerade total, zu hören, dass es nicht heißt, dass ich da einen bleibenden Schaden habe, den ich jetzt nie wieder loswerde, sondern, es macht total viel Sinn für mich. Es ist erleichternd."

M: „Sehr schön, das ist gut."

T: „Und ehrlich gesagt, wenn ich so…, wenn ich lerne, meine Träume so zu lesen, dann kann das ganz viel Rat, dann kann das wie ein Ratgeber sein. „Julia, Du hast jetzt gerade voll Angst, dass jetzt jemand Deine Grenzen überschreitet. Überleg mal wo und überleg mal, was Du tun kannst, damit Du keine Angst mehr haben musst. Dann ist das ja so ein bisschen wie eine Alarmsirene oder so, mit der man arbeiten kann. Statt einem immer wieder Rauskramen einer furchtbaren Geschichte, die mich soundso schon genug geärgert hat im Leben."

Traumarbeit 2: Selbstfürsorge

T (weiblich, 26 Jahre): „Der Traum war, dass ich in Indien bin, auf einer Reise. Ich sitze im Zug und der Zug ist super, super voll. Ich fahr zu einem Marktplatz hin und mein Freund ist auch dabei, und ein paar Bekannte und Freunde, wir fahren da alle zusammen hin. Dann gehen wir zu einem riesigen Markt, der ist wirklich groß, Kilometer, riesengroß, da sind überall kleine Marktstände, wie man das eher aus südlichen Ländern kennt (aus Südamerika kenne ich das, so ganz kleine Stände). Und da sind Tausende von Leuten, das ist mega, megavoll, und auch megaheiß. Und wir haben auch einen Marktstand und verkaufen irgendwas, ich weiß nicht mehr was. Und dann gibt es noch einen zweiten Bereich, 5 km oder 1 km weiter, wo man mehr sitzen und essen kann. Und wo wir unseren Ruheteil vom Markt haben, wir auch eine Bank haben, wo wir uns hinsetzen können. Dann gehe ich da hin, laufe alleine hin, der Weg ist relativ weit und ich schlängle mich da überall durch, zwischen tausend Kindern und Menschen vorbei, und irgendwann komme ich da an. Unser Teil zum Sitzen ist aber nur so wie eine Parkbank, und es knallt voll die Sonne und es ist richtig, richtig heiß. Deshalb kann ich mich da nicht hinsetzen, da ich dann sofort einen Hitzeschlag kriegen würde. Dann darf ich mich netterweise zu den Nachbarn setzen, die haben nämlich zwei Bänke, mit Tisch und Dach drüber, und kann da ich ein Päuschen machen. Ich sitze dann da rum, da ist ein bisschen weniger los, die Leute sind aber voll nett, manche reden mit mir, manchmal in Englisch, manchmal in einer Sprache, wo ich mit Händen und Füßen rede. Und irgendwann will ich wieder zurückgehen, dann finde ich aber den Weg nicht mehr. Ich weiß überhaupt nicht mehr, wo ich hergekommen bin. Und es dämmert dann auch schon so langsam. Und ich weiß auch, dass es nachts extrem kalt wird. Das ist so ein Ort mit superextremen Temperaturen. Dann laufe ich voll lange rum, und komme zu einer Zugstation und fahr dann auch eine Station mit dem Zug, bin dann aber an einem anderen Ort, also, ich bin nicht in die richtige Richtung gefahren. Und ich kann mich mit niemandem verständigen, weil die Leute die Sprache eh nicht sprechen, und versuche das mit Händen und Füßen zu machen, was aber nur, dass ich irgendwie nach Molababa oder so muss, und versuche dann, meinen Freund anzurufen. Aber ich habe nur so ein altes Nokia-Handy, und der Akku ist fast leer, und kann mich dann auch mit ihm nicht so richtig verständigen, und dann bin ich irgendwie wieder bei der Bank, wo ich am Anfang war, und bin schon ein bisschen verzweifelt. Und dann kommt eine Freundin, S. (kenne ich auch im echten Leben, sie lebt in Nicaragua), sie hat einen riesigen Truck, riesiger Bus, wo ein ganzes Wohnzimmer reinpasst, und sammelt mich da auf und fährt mich mit ihrem Truck zurück zu dem Marktstand. Da bin ich natürlich sehr erleichtert, und es ist auch ganz witzig, in diesem Truck herumzufahren. Da sind noch ein paar andere Leute. Und am nächsten Tag passiert mir genau das Gleiche wieder, also ein bisschen anders, und ein bisschen andere Leute, und ich sehe ein bisschen was anderes auf dem Weg dahin. Aber, ich verlaufe mich am nächsten Tag wieder und habe wieder das gleiche Problem, und dann sammelt mich S. ein, zwischendurch gehe ich noch durch irgendeine Kathedrale, und zwischendurch ist auch meine Mama irgendwie dabei und die weiß auch nicht, wo wir lang müssen. Und wir sehen irgendeine Kathedrale und denken, vielleicht müssen wir da rein. Was super wenig Sinn macht, so eine alte, gotische Kathedrale mitten in Indien. Und laufen aus Versehen durch ein Schweigekloster und schweigen dann ein paar Minuten. Aber danach wissen wir immer noch nicht mehr. Dann sammelt uns wieder S. ein."

MS: „Und von der Gefühlsebene? Sie haben einmal, glaube ich, verzweifelt erwähnt."

T: „Genau. Zwischendrin war ich verzweifelt und kriege dann Angst, weil ich so danke, oh Gott, es wird dunkel, ich bin irgendwo in Indien. Und es wird voll kalt. Mir wird dann auch superkalt. Dann kommt irgendwann S. und rettet mich. Und ich bin supererleichtert und habe superviel Spaß und S. ist auch so eine sehr, sehr lebensfrohe Person. Für die ist immer alles kein Problem oder so. Das ist so die Geschichte, dann ging der Traum noch weiter, aber es ist nicht so direkt zusammenhängend. Mit den Menschen geht der Traum noch weiter, Urlaub, aber vielleicht reicht auch erstmal der Teil."

MS: „Wenn Sie den Traum wieder auf einer abstrakten Ebene anschauen, was würden Sie sagen, ist das Grundmuster?"

T: „Orientierungslosigkeit. Nicht wissen, in welche Richtung. Ein bisschen hilflos auch. Den richtigen Ort zu finden, wo es nicht zu heiß und nicht zu kalt ist, zu voll. Und es gibt da auch ganz viel Essen, von dem ich nicht weiß, was es ist, und mich deswegen nicht traue, es zu probieren, vielleicht ist es extrem scharf oder so."

MS: „Da ist auch eine Unsicherheit dabei."

T: „Aber auch eine Faszination, ich finde den Markt supercool, als ich da hinkomme. Reiz, was Neues zu sehen, Menschen sind bunt gekleidet. "

MS: „Wenn Sie das Thema Orientierungslosigkeit, Hilflosigkeit, Platz finden anschauen, wie beschäftigt Sie das gerade im Wachleben?"

T: „Das ist auf jeden Fall ein großes Thema bei meiner Arbeit. Es hat zwei Ebenen. Was ich so gemacht habe, was ich machen will usw. Das andere ist, dass mein Freund gerade in der Bewerbungsphase für einen Job in einer anderen Stadt ist, die Chancen stehen gut. Die Stadt ist weit entfernt. Ich würde mitkommen. Jetzt habe ich eine befristete Stelle. Jetzt fühle ich mich relativ hilflos, weil ich überhaupt keinen Einfluss auf die Bewerbungssituation meines Partners habe. Einfach nur warte. Nur Anhängsel zu sein (vom Empfinden her), eine Frau, die eigenes Berufsleben gestalten möchte, fühlt sich unbefriedigend an, d.h., meine Arbeitswelt und Zukunft von der Arbeit meines Partners abhängig zu machen. Ich finde es gut und richtig auf rationaler Ebene, aber ein bisschen fühlt es sich auch doof an. Es fühlt sich mehr gut als doof an."

MS: „Mir fällt auf, dass es im Traum jemanden gibt, der Ihnen hilft."

T: „Ja, da ist jemand, der mich einsammelt und sagt: „Ich bringe dich dahin, wo du willst.""

MS: „Der Traum hat eine helfende Person gewählt, die Sie im Wachleben kennen. Sie haben auch schon angefangen, zu erzählen, wie Sie so drauf ist. Da ist die Idee, dass der Traum eine bestimmte Person nimmt, weil sie bestimmte Eigenschaften hat. Wie ein Stand-In. Dass es nicht um die reale Person geht, sondern darum, was hat die so drauf, was in Ihrer Situation vielleicht sehr hilfreich wäre. D.h., dass die Person nicht für eine konkrete Person aus Ihrem Wachleben steht, sondern für Eigenschaften, die nicht im Außen zu suchen sind, sondern im Innen."

T: „Es gibt da eine Parallele. S. will mit ihrem Partner zurück nach Europa (von Nicaragua). Sie kündigt Job, will suchen und dann nach Europa gehen. Ihr Partner kann in beiden Ländern arbeiten, sogar mit Beförderung. Sie musste den Job aufgeben, den sie mochte. Sie hat die Unsicherheit und das Risiko auf sich genommen, Riesenchance, sie hat es mit einer Leichtigkeit gemacht, mit einer Entspanntheit (dazu muss ich sagen, dass sie hätte wieder zurückgehen könnte (alter Job)). Die Einstellung ist: Wenn klappt, klappt's, wenn nicht, dann nicht. Mit so einer typischen mittelamerikanischen Entspanntheit."

MS: „Wenn Sie die Eigenschaften, Leichtigkeit, Entspanntheit anschauen. Welche Rolle spielen diese bei Ihnen?"

T: „Hätte ich auch gerne. Finde ich auch superfaszinierend. Deshalb mag ich auch Mittel- und Südamerika so gerne. Die Leute haben eine Entspanntheit mit Dingen, die ich nicht habe, und die ich auch in Deutschland oft nicht sehe, wobei diese auch aus der Not geboren ist, weil vieles nicht planbar ist, und manchmal romantisiert wird: Gut, man kann eh nicht alles im Leben vorherplanen, es passiert dauernd irgendetwas, was man nicht vorhersehen kann. Man kann nicht alles kontrollieren, macht das Beste draus. Es täte mir gut, mir davon eine Scheibe abzuschneiden. Tut mir gut, mit solchen Leuten in Kontakt zu sein. Fand ich bei S. superfaszinierend."

MS: „Der Traum gibt einen Hinweis auf das, was hilfreich ist. Die Frage ist, was können Sie tun (im Wachleben), um in diese Richtung zu marschieren?"

T: „Ich werde S. mal fragen, ob sie in Europa oder wieder in Nicaragua ist (hatte es nicht mitverfolgt)."

MS: „Was Praktisches wäre es, S. anzurufen und die Einstellung auf sich wirken zu lassen."

T: „Oder auch zu überlegen, was kann ich machen, wo ich mich so leicht und entspannt fühle. Z. B. Tanzen gehen oder so. Wollte schon immer Salsa lernen. Freies Tanzen. Rausgehen und Sonne, Geheimrezept für die gelassene Einstellung."

MS: „Meine Überlegung ist es, ob Sie was Praktischen machen können, um mehr in das Gefühl zu kommen. Schöne Träume regen an, sich intensiver mit dieser Sichtweise des Lebens zu beschäftigen."

T: „Der Traum war nach dem Abend mit dem neuesten Update durch den Freund bzgl. der Jobsituation (ausführliches Gespräch)."

MS: „Was würde Ihnen helfen, in diesen Geisteszustand zu kommen. S. kontaktieren, Tanzen, der bevorstehende Urlaub möglicherweise auch. Wie kommen Sie dieser schönen Eigenschaft, die Sie im Traum erlebt haben, ein bisschen näher?"

T: „Zuhause Musik an, Viertelstunde, dazu tanzen. Wellenreiten, Spieleabend mit Freunden, wenn die Sonne scheint, rausgehen und Spaziergang machen. Der anstehende Urlaub hilft sicher auch. Im Alltag, ich könnte mehr spanische Musik hören. Das würde mir bestimmt gute Laune machen. Mit S. verbinde ich auch das Nicht-zu-viel-denken, alles mit dem Kopf lösen zu wollen, ich kann mich im Kreis drehen, ich komme nicht weiter. Ich habe den Anspruch, es zu lösen, dieses beachten oder jenes. Motivation im aktuellen Job ist etwas gebremst, weil nicht klar, ob noch da ist.“

MS: „Der Traum greift auch das Thema Hilfe suchen und Hilfe bekommen auf. Praktisch gedacht, gibt es etwas, was Sie da machen könnten.“

T: „Ich rede mit Freunden darüber. Allerdings habe ich es auch vermieden, weil es auch doof ist, Freunden hier zu sagen, dass ich überlege, wegzuziehen. Am Wochenende habe ich ein paar Leuten mein Leid geklagt, dass ich den Zustand nicht gut finde, …“

MS: „Im Traum kommt das Thema „Nichtverstanden werden“ vor.

T: „Verstehen von anderen ist im Wachleben im Privaten kein Problem. Aber, im Job kann ich davon nicht erzählen. Ich habe ein Geheimnis.“

MS: „Das heißt, die Frage ist: Was mache ich, wenn ich aktuell ein nicht lösbares Problem haben? Wie gehe ich mit mir um, wie gehe ich mit meinem Leben um? Das Thema Hilflosigkeit zu akzeptieren.“

T: „Das klingt ganz furchtbar.“

MS: „Also, die Frage ist: Wenn ich mich hilflos fühle, wie gehe ich dann mit mir um? Der Traum zeigt, dass, wenn sie alleine für sich wurschteln, dass es nicht so hilfreich ist. Vielmehr zeigt er, dass einer Erweiterung des Sichtfeldes notwendig ist. Das Schöne am Traum ist, dass er Ihnen zeigt, wie sich das anfühlt, wenn das Schöne dazukommt. Wenn Sie so auf das Traumerleben zurückschauen, wie spiegelt sich das wider in Ihrem aktuellen Wachleben?“

T: „Im Traum wiederholt sich das Ganze, am nächsten Tag wieder verlaufen. Das trifft es ganz gut. Ich kann es nicht ausschalten, von einem Tag auf den anderen, ich akzeptiere das jetzt… Mein Kopf rattert weiter, Stellen suchen usw. Ich möchte nicht 24/7 in dem Mindset bleiben, es wäre mir schon eine Hilfe, wenn ich da ab und zu mal rauskomme.

Okay, jetzt lass ich es mal gut sein, es gibt ein ungelöstes Problem. Ich habe jetzt trotzdem einen spaßigen Tag."

MS: „Der Traum hilft hier, weil er Ihnen anzeigt, wie es sich anfühlt, wenn diese neue Sichtweise dazukommt. Wäre es eine Idee, sich einen mittelamerikanischen Satz aufschreiben und sich täglich anschauen."

T: „Das wäre eine gute Idee. Den ich vielleicht an meine Tür klebe."

MS: „Was wäre so ein Satz."

T: „Ein Satz, der die Einstellung widerspiegelt, wäre: es ist. „Es wird sich alles finden." Eine Freundin, die tiefenentspannt ist, hat ein großes Plakat mit einem solchen Spruch, das Plakat ist schon einige Male mit ihr umgezogen."

MS: „Was ist dabei Ihr Bedürfnis, das in Richtung in mittelamerikanische Einstellung geht?"

T: „Spontan ist mir gerade eingefallen: „Ich lerne." Es ist nicht alles perfekt, ich lerne auf dem Weg. Weg von dem Es-muss-perfekt-sein, ich lerne, z.B., wie es ist, wenn man hilflos ist."

MS: „Der Teil, der als Selbstfürsorge bezeichnet wird, kümmert sich um den Anteil, der sich hilflos fühlt."

T: „Meine Mutter (Mutter kommt im Traum vor, ist jedoch nicht hilfreich) ist eher überfürsorglich, sorgt viel für andere, aber für sich selbst sorgen, fällt ihr schwer. Meine Mutter ist kein Vorbild für Selbstfürsorge. Ich könnte die Tasse, die S. mitgebracht hat und auf der ein entspannter Spruch steht, wieder hervorholen, und so mich daran erinnern, dass ich so denken möchte."

Traumarbeit 3: Gemeinsames Entscheiden

T (weiblich, 32 Jahre): "Aus irgendeinem Grund bin ich im Fernen Osten im Urlaub, aber es spielt in dem Traum ehrlich gesagt keine Rolle. Wir sind in Urlaub. Mama und Papa, meine Schwester (2 Jahre älter als ich). Wir laufen einen gepflasterten Weg lang und dann gehen wir noch an ein paar Spaziergängern vorbei und einem kleinen Kind, machen ein paar Witze, alles ganz lustig. Dann gehen wir von dem gepflasterten Weg, wo einige Leute sind, auf einen unbefestigten Weg, den meine Schwester aussucht. „Komm wir gehen mal hier lang." Da ist ganz nasses Gras und irgendwann ist es auch kein richtiger Weg mehr, sondern es ist einfach nur eine Wiese und dann kommt ein kleiner Fluss, wir hüpfen über den Fluss dann drüber und auf der anderen Seite ist Moor. Das konnte man nicht sehen, aber auf einmal sinken wir ein. Und meine Schwester geht immer ganz tatkräftig voraus, kommt hier lang. Erst hüpft sie drüber, dann mein Papa und dann ich. Auf der anderen Seite sinken wir dann alle ein, es ist total ätzend und angsteinflößend. Und dann sehe ich noch, dass in diesem Fluss Schlangen sind und schreie dann voll laut: „Achtung, hier sind Schlangen." Die sind schwarz, glitschig und gruselig. Dann kommt plötzlich K. (ein Bekannter), der nimmt mich Huckepack, aber nur ein paar Meter, und dann wollen wir auf jeden Fall wieder zurück zu dem befestigten Weg und meine Mama steht noch am anderen Ende vom Fluss, weil sie nicht mit rübergekommen ist. Die hat gewartet, als wir los sind. Und die ruft dann: „Kommt doch zurück, da ist doch voll der Matsch, jetzt dreht alle mal um." Und am Ende kommen wir auch raus. Das ist die Hauptgeschichte und dann geht es ganz schnell, dass wir umdrehen und da rauskommen und einen riesigen Umweg laufen müssen, und total nasse Füße haben. Irgendwie einen Döner oder ein Eis essen."

MS: „Was passiert im Traum?"

T: „Meine Schwester gibt den Weg an, den ich nicht so gut fand. Ich fand es ein bisschen blöd, dass wir ihren Weg laufen. Sie ist voll selbstbewusst, das ist gut und meine Mama ist auch so ein bisschen skeptisch."

MS: „Wenn Sie die Grundmuster anschauen, um was geht es im Traum? Was ist die Grundaction, ohne es spezifisch auf Familie beziehen?"

T: „Grundaction ist: Eine gemeinsame Aktivität, bei der es darum geht Entscheidungen zu treffen. Einen bestimmten Weg einschlagen, vielleicht im übertragenen Sinne auch. Thema Gruppendynamik, sich durchsetzen. Instinktiv nein sagen, wenn man nicht will. Es ist totaler Mist gewesen, ich habe es mir doch gedacht."

MS: „Interessante Dynamik. Ihre Schwester und ihr Vater vorne raus, und Ihre Mutter und Sie eher skeptisch."

T: „Das trifft auch so zu im Wachleben."

MS: „Dann passt es, dass der Traum diese „Schauspieler" ausgewählt hat."

MS: „Wenn Sie sich dieses Thema anschauen, sich überreden lassen, irgendwo mitmachen, skeptisch sein. Ist das ein Thema, was in einem nicht familiären Kontext aktuell ist?"

T: „In der Arbeitssituation kommt es vor, dass mein Chef sagt, das machen wir soundso und ich mir denke, das macht nicht so richtig Sinn. Ich habe viel Entscheidungsfreiraum, es sind flache Hierarchien. Manchmal, eher selten kommt es vor, dass der Chef sagt, wir machen das so und es ist nicht ganz sinnvoll. Dann kommt das Gefühl, jemand entscheidet es und es muss da weitergehen, obwohl ich das Gefühl habe, das ist nicht so gut. Allerdings nicht oft, häufig sind Entscheidungen des Chefs hilfreich. Und sonst?"

MS: „Gehen Sie die einzelnen Schritte des Traumes noch mal durch."

T: „Am Anfang, nicht so mein Ding (neuer Weg), aber ich probiere es mal aus, auch wenn nicht so ganz überzeugt. Offen für Neues. Irgendwann finde ich es doof, bin skeptisch und will es vielleicht nicht so richtig sagen. Und denke: Sie (Schwester) weiß es vielleicht besser, wo ein guter Weg ist. Spätestens, als ich die Schlangen sehe, ist es klar, hier will ich wirklich nicht lang. Das ist so der Punkt, halt weg, „Los, lass uns wieder zurück. Das war wirklich eine dumme Idee."

MS: „Da werden Sie dann aktiv."

T: „Genau, dann fange ich an, zu schreien. Davor bin ich eher zurückhaltend, zögerlich, skeptisch. Erst dann kommt K., der groß und stark ist, er nimmt mich Huckepack und verschwindet auch wieder. Eine kurze Hilfe, die angenehm war."

MS: „Für mich sieht es so aus, als ob es nicht spezifisch um die Familie geht, sondern der Traum die Familie als Schauspielergruppe verwendet, um ein bestimmtes Thema darzustellen."

T: „Es fällt mir schwer, den Traum nicht auf die Familie zu beziehen, weil es so passt, ein typisches Thema ist, weil meine Schwester älter als ich ist, sie hat auch ein Kind seit 7 Jahren, ein ungeplantes Kind mit einem Mann, mit dem sie nicht mehr zusammen ist, was ihre Situation kompliziert macht. Und sie ist ein sehr lauter, aktiver Mensch; sie steht gerne im Mittelpunkt, verdient viel Geld, hat große Karriere gemacht, trifft gerne Entscheidungen, weiß, wo es lang geht. Ich bin nicht so entscheidungsfähig, in der Familie eher so die Ruhigere. Große Geschwister – kleine Geschwister. Nicht so dramatisch, insgesamt habe ich ein gutes Verhältnis zu meiner Familie, aber manchmal kommt das Thema mit dem gemeinsam Entscheidungen treffen auf. Ein gutes Beispiel war Ostern, ich denke, „Warum geht es immer um ihr Leben und sekundär darum, was ich machen will." Seit dem Kind, das sie hat, ist die Feiertagsplanung immer an ihr orientiert. Meine Eltern versuchen das auszugleichen. Meine Mutter ist sensibel, merkt das Ungleichgewicht. Doch gefühlsmäßig ist es so, dass ich mich zurückhalte, erzähle auch nicht so viel, will nicht in Wettbewerb treten, in Konkurrenz zu meiner Schwester. Das Gefühl im Traum kenne ich gut, dass jemand was ansagt, ..."

MS: „Dann haben Sie einige Eigenschaften ihrer Schwester genannt, wo ich rausgehört habe, dass Sie da gerne einige Scheiben davon ab hätten."

T: „Ja, manchmal schon. Manchmal bin ich auch froh, dass ich es nicht habe. Das Karriere-Leben macht auch nicht wirklich so glücklich. Meine Eltern haben gesagt: „Wir sind ja froh, dass Du nicht so ein Karriereding machst, es ein bisschen ruhiger angehst und schaust, dass es Dir gut geht. Ich dachte: Schön, dass das jemand so sieht."

MS: „Die große Schwester im Traum prescht voran, Sie als kleinere Schwester gehen hinterher."

T: „Deshalb passt das ganz gut auf die letzten 5 Jahre. Tolle Karriere etc."

MS: „Und dann landet sie im Sumpf."

T: „Ja, ich war am Anfang schon skeptisch, ärgere mich, dass ich so weit mitgegangen bin."

MS: „Gibt es Parallelen zwischen der Schwester und dem Partner?"

T: „Aktuell gibt es das Thema, aber nicht so im Allgemeinen. Entscheidungen in der Partnerschaft, z. B. Urlaub, er weiß, was er will, wo er

steht usw. Er hat auch auf Karriere und seine eigenen Sachen geschaut – wie meine Schwester."

MS: „Wenn Sie auf den Traum schauen, hätten Sie da gerne was davon."

T: „Ich hätte auf jeden Fall gerne mehr Entscheidungsfreudigkeit. Ich
überlege viel, was ist richtig usw. Im Traum ist es auch so: Erst wenn
ich ganz sicher bin, dann sage ich was. Er reicht nicht, dass ich es nicht
gut finde, so ein Gefühl habe. Es muss schon eine Menge Schlangen
im Fluss auftauchen, bis ich sage: Es ist wirklich keine gute Idee."

MS: „Für mich stecken da zwei Themen drin. Wie gehe ich mit anderen entscheidungsfreudigen Menschen um, wie fühlt sich das für mich
an? Das zweite Thema: „Wie geht es mir mit eigenen Entscheidungen?
Das kommt im Traum als Muster vor, z. B. dem eigenen Instinkt trauen."

T: „Wenn große Entscheidungen anstehen, fühle ich mich nicht gut, ich
mache mir viele Gedanken, ob es gut ist oder nicht. Entscheidungen
fallen mir schwer. Z. B. eine gute Freundin in Frankfurt entscheidet
sich für Umzug und zieht es durch. Ich selbst überlege schon 5 Jahre, ob ich das mache (in Geburtsstadt umziehen). Das Verhalten der
Freundin finde ich beeindruckend."

MS: „Können Sie beschreiben, was es für Sie so schwierig macht, sich
zu entscheiden?"

T: „Die Angst, etwas falsch zu machen. Das Denken, dass es eine perfekte Lösung gibt und dass ich die mit meinem Kopf herausfinden
kann, wenn ich mich nur doll genug anstrenge. Ich habe ein ganz großes Sicherheitsbedürfnis, das ich von den Eltern mitbekommen habe.
Es ist wichtig, dass man Sicherheit hat, finanziell, auch sozial, Familie,
Beständigkeit."

MS: „Es gibt also das Bedürfnis nach Sicherheit. Was ist das andere,
das damit im Widerspruch steht?"

T: „Das Bedürfnis nach aufregendem, spannendem, spaßigen Leben,
und vielen tausend bunten Möglichkeiten, die meine Eltern auch nicht
hatten. Für sie gab es keinen Zwiespalt. Das sagen sie auch total oft."

MS: „Das Bekannte ist der gepflasterter Weg im Traum, und dann gibt
es noch das Unbekannte."

T: „Ja, das kann cool sein, aber auch doof."

MS: „Wenn ich den Traum anschaue, habe ich den Eindruck, dass das Entscheiden an sich negativ besetzt ist, der Entscheidungsprozess. Dass Sie das ein bisschen stresst."

T: „Ja, auf jeden Fall. Ein bisschen ist untertrieben. Ein Beispiel: Zeit um das Abitur, ich hatte eine unglückliche Beziehung, konnte mich nicht trennen, mein damaliger Freund sagte, er bringt sich sonst um oder so was. So habe ich mich ganz lange getrennt. In vielen Fächern war ich gut, nirgends sehr gut, ich wusste nicht so richtig, was machen."

MS: „Da war ein großes Gefühl der Unsicherheit."

T: „Die Zeit hat dann entschieden, ich habe Abi gemacht, eine lange Reise angeschlossen, mich danach vom Freund getrennt, begonnen, etwas zu studieren, was mir Spaß macht, Biologie.

T: „Das Thema Entscheidungen treffen, das machen, was ich möchte, ist sehr vorbelastet."

T: „Es hat sich sehr gebessert, ich habe Therapie gemacht. Ich habe was gelernt. Wenn ich auf meine Schwester schaue, frage ich mich, warum es bei ihr so einfach geht/ging."

MS: „Im Traum haben Sie Hilfe bekommen."

T: „Der Helfer im Traum taucht erst auf, nachdem ich mich entschieden habe. „So, ich trage Dich über den Fluss, dann kannst Du selber weiterlaufen." Er half nicht bei dem Problem, Entscheidung zu treffen, sondern eher bei der Umsetzung der Entscheidung."

MS: „Der Traum zeigt, dass Entscheidungen treffen gar nicht so schlecht ist. Und der Traum neigt zur Übertreibung. Der Karren muss schon in den Dreck gefahren sein, es muss schon ganz massiv negativ sein. Dann sagen sie, jetzt wird es so gemacht, wie ich es will."

T: „Das trifft es ganz gut, besonders was die großen Lebensentscheidungen bei mir angeht. Erst wenn der Leidensdruck richtig groß ist, dann sage ich: „Lass uns was ändern." Nicht, wenn sich etwas nur doof anfühlt."

MS: „Was hätten Sie gebraucht im Traum? Hätte Ihnen da etwas geholfen?"

T: „Wenn ich anders gewesen wäre, als ich jetzt bin, mutiger, lauter. Mir Zeit nehmen, hätte geholfen, überlegen, ob ich den Weg gut finde, es nicht mit einem grummeligen Gefühl zu machen. Oder externe Hilfe hätte was gebracht. Von anderen gefragt werden (was mein Freund macht): „Wie findest du diesen Weg." Dann ist es leichter, zu sagen: Das gefällt mir nicht. Es fällt mir schwer, von mir aus das zu machen. Das ist ein Konflikt mit meiner Schwester, ohne dass sie es merkt. Ich werde nicht gefragt, müsste aufstehen und laut was sagen, was ich aber nicht tue."

MS: „Sie möchten gerne gefragt werden."

T: „Ich übe das, meine Meinung zu sagen, wenn ich nicht gefragt werde, spätestens bei der Arbeit, da funktioniert das Zurückhaltende gar nicht mehr. Da gelingt es mir besser, mich zu äußern. Im Privatleben fällt mir das schwerer."

MS: „Das Bedürfnis, gesehen zu werden, wird im Traum angesprochen. Gibt es im Traumbild eine Möglichkeit, diesem Bedürfnis mehr Ausdruck zu verleihen."

T: „Ich finde es schön, wenn wir uns abstimmen: „Lasst uns mal überlegen, ob wir da weitergehen." Es würde mir allerdings schwerfallen, meine Meinung zu sagen, ich will nicht die Spielverderberin sein. Meine Schwester sagt dann, wenn Du das so willst, dann machen wird das so. Aber, dann habe ich die Verantwortung für die Entscheidung. Und wenn ich mich entscheide, kriege ich die Schuld, wenn es nicht schön ist."

MS: „Sie möchten gerne ein gemeinsames Entscheiden."

T: „Aber es läuft eher so: Entweder meine Schwester entscheidet, oder ich treffe die Entscheidung. Das gemeinsam Zusammensetzen, Entscheidung zusammentreffen; so würde es bei meiner Familie vermutlich nicht laufen. Entweder sie oder ich, beides ist nicht schön."

MS: „Das heißt, die Standardfamiliensituation ist nicht so, dass Sie wohlfühlen. Wie würden Sie es gerne im Traum gestalten? Sich wohlfühlen, und den beiden Seiten, dem Bedürfnis nach Sicherheit und dem Bedürfnis nach Neuem, Raum geben."

T: „Also, für die Traumsituation. Da kommt der Abzweig. Meine Schwester würde sagen: „Das sieht cool aus. Was wollt ihr machen?" Da würde es mir leichter fallen, meine Meinung zu sagen, z. B. „Wir probieren es aus, wenn es nicht schön ist, kehren wir wieder um. Wäre das okay für Dich?" Mein Vater wäre eher pro, machen wir, meine Mutter eher kontra ausprobieren, da sie nicht über den Fluss springen, sie würde lieber umdrehen."

MS: „Da haben Sie jetzt vermieden (überspitzt formuliert). Die Frage ist, was machen Sie, wenn jemand nicht den Stil hat, die Entscheidungen gemeinsam treffen zu wollen. Wenn eine solche Schwierigkeit auftritt (ihre Schwester gibt vor), was mache ich dann? Der Traum stellt Ihnen ein Problem: Der Entscheidungsprozess läuft nicht so, wie Sie es möchten. Wie würden Sie Ihr Idealszenario umsetzen?"

T: „Im Traum mache ich ja nichts. Bis ich im Schlangenfluss stehe, d.h., Passivsein bringt nichts. Ich könnte aktiv werden."

MS: „Das könnte eine klare Botschaft des Traums sein."

T: „Ich würde sagen: „Können wir mal kurz überlegen, ob wir da langgehen. Ich weiß nicht, ob der Weg so gut ist für alle, ich habe kein gutes Gefühl. Können wir kurz überlegen?" Das heißt, ich setze mich dafür ein, dass die Entscheidung in einer Weise getroffen wird, wie ich das möchte. Allerdings befürchte ich, dass die anderen erstmal genervt sind: „Was ist Dein Problem? Mach es nicht so kompliziert."

MS: „Die Vorstellung zeigt, was Sie davon abhält, es so zu machen, wie Sie es wollen."

T: „Von dem Prozess, bei dem miteinander entschieden wird und die die Verantwortung gemeinsam getragen wird."

MS: „So gesehen hat Traum hat klare Botschaft. Setzen Sie sich mehr dafür ein, dass sie wollen, dass gemeinsame Entscheidungen getroffen werden."

T: „Bei den letzten Osterfeiertagen war ich die ganze Zeit unzufrieden, es wurde alles ohne mich entschieden. Deshalb vielleicht das Extremszenario (Traum). Nächstes Ostern habe ich schon angemeldet, dass das Entscheiden anders ablaufen soll. Ich sehe schon, ich komme nicht darum herum, mich damit noch einmal auseinanderzusetzen."

MS: „Der Traum zeigt auch, dass es mit der Familie schön ist. Es gibt vorher und nachher schöne Momente mit den anderen. Das Thema, gemeinsam Entscheidung treffen, ist wahrscheinlich nicht nur im Kontext der Familie interessant, sondern auch in anderen Bereichen."

T: „Es ist gut, das Thema auf dem Schirm zu haben (gemeinsame Entscheidungsfindung) und nicht nur das Alte: meine Schwester ist blöd und entscheidet immer alles."

MS: „Nach dem Prinzipien der Gewaltfreien Kommunikation würde man sagen: Es fühlt sich gut an, wenn mein Bedürfnis nach gemeinsamer Entscheidungsfindung befriedigt ist."

MS: „Wenn Sie jetzt auf den Traum zurückschauen, wie geht es Ihnen damit?"

T: „Ich verstehe den Traum jetzt besser, und, ich bin weniger wütend, vorher war es ein Traum, der zeigt, wie nervig meine Schwester manchmal ist. Der Traum schlägt in eine Kerbe rein, die eh schon da ist. Jetzt denke ich: Sie ist, wie sie ist. Und es ist ja auch cool, dass sie Entscheidungen treffen kann. Ich lerne was dabei und sehe das als Möglichkeit, mein Leben besser zu gestalten."

MS: „Man könnte sagen, dass es bei diesem Traum letztendlich gar nicht um Ihre Schwester geht, sondern um Ihr Bedürfnis nach gemeinsamer Entscheidungsfindung."

T: „Ja, das macht auch weniger hilflos, sonst ist es ein Traum, dass meine Schwester doof ist, das war schon immer so, das wird immer so bleiben. Irgendwie ist es fies und unfair, weil ich die Kleine bin, ich kann nichts dagegen tun. Und, jetzt…"

MS: „… merken Sie, was sie wollen, sie sind nicht mehr klein und sie können in die Richtung arbeiten, in die Sie wollen."

T: „Spannend."

Traumarbeit 4: Das Bedürfnis nach Verbundenheit

T (weiblich, 20 Jahre): „Die Szenerie hat damit gestartet, dass ich bei mir in der WG war, ich wohne in einer 3er-WG, meine Mitbewohnerin war nicht da, nur mein Mitbewohner. Die Zimmer waren getauscht. Die

WG war so, wie sie eigentlich ist, aber ich habe im Zimmer meines Mitbewohners gewohnt und er hat in meinem Zimmer gewohnt. Und ich wusste, dass er gerade in meinem Zimmer auch in meinem Bett schläft, und ich dachte, dass er dort mit seiner Freundin ist, er hat eigentlich keine Freundin, aber in meinem Traum hatte er eine. Und ich war super eifersüchtig. Ich war richtig eifersüchtig. Ich stand vor der Tür und ich habe gelauscht. Und dann ist er rausgekommen. Er hat mich ertappt dabei, dass ich ihn dort belauscht habe oder geguckt habe, was er macht. Und er war auch alleine, er war überhaupt nicht mit seiner Freundin dort, er wollte dann aber zu seiner Freundin fahren. Ich war eifersüchtig oder neidisch, ich weiß nicht genau, wie man die Gefühle trennen kann, aber ich glaube, ich war in dem Moment neidisch, da ich auch gerne mitgefahren wäre, zu der Freundin. Ich wollte auch mitkommen, ich wollte auch irgendwie was erleben (dabei sein). Und dann habe ich auch irgendwie verstanden, dass es auch mein Zimmer ist, aus dem er gerade rausgegangen ist. Ich bin in das Zimmer reingegangen. Und in meinem Zimmer hängt neben dem Bett ein Bild, das hat ein Freund gemalt und das hing da auch und dieses Bild hat dann auf einmal angefangen zu brennen. Auf dem Bild steht: Dachte gestern, ich habe Dich gesehen. In meinem Kopf, ich habe das letzte Mal schon erzählt, dass ich ganz viele Dämonen-Alpträume habe, war dann ganz klar, das Bild brennt jetzt wegen des Dämons, und dann hatte ich richtig Angst und bin aufgewacht."

MS: „Für mich hat der Traum zwei Aspekte: Das erste ist das mit dem Lauschen, Ertapptwerden, Eifersüchtigsein, Neidisch sein, und dann noch der Aspekt, der häufiger vorkommt, der mit den Dämonen zu tun hat. Ich würde gerne mit dem ersten anfangen. Zunächst kann es hilfreich sein, den Traum nicht wörtlich nehmen. Der Traum muss nicht die Interaktion zwischen Ihnen und Ihrem Mitbewohner widerspiegeln. Was war ihre Motivation, den Freund im Traum zu belauschen."

T: „Ich glaube, dass ich das gemacht habe, weil ich das selber auch gerne gemacht hätte."

MS: „Sie hätten auch gerne einen Freund gehabt."

T: „Ja, das war so der Hintergrund."

MS: „Da schließt sich natürlich die Frage an, wie das bei Ihnen aussieht, aktuell? Sind Sie aktuell Single."

T: „Ja, das ist richtig. Seit 6 Monaten schon, eigentlich recht lange."

MS: „Und wie geht es Ihnen mit Ihrem Single-Dasein?"

T: „Eigentlich gut, immer besser, es hat relativ lange gebraucht, bis ich damit abgeschlossen habe, dass die Beziehung halt vorbei ist. Aber ich würde sagen, ich bin jetzt langsam an einem Punkt, wo ich wieder in die Zukunft blicke und neue Leute date, tatsächlich wieder, aber noch nichts so Tiefes. Ich bin wieder bereit dafür."

MS: „Das erste Thema hat etwas mit „Partnerschaft haben wollen" zu tun. Wenn Sie die Situation anschauen, Sie fühlen sich eifersüchtig und neidisch, was hätten Sie da gebraucht? Was hätte Ihnen geholfen, mit den Gefühlen anders umzugehen? Hätten Sie da irgendwas gemacht im Traum."

T: „Was ich mir in der Situation auf jeden Fall gewünscht hätte, jemand, der mir genau das Gleiche gibt, was ich denke, dass mein Mitbewohner hat. In dem Traum hätte ich ihm sicher gerne gesagt, dass er doch hier bleiben soll und mit mir sein soll, ich wollte ja gerne Zeit mit ihm verbringen."

MS: „Versuchen Sie es konkret zu formulieren."

T: „Wenn ich alles hätte sagen dürfen, dann hätte ich so etwas gesagt: „Bist Du sicher, dass Du jetzt zu Deiner Freundin fahren möchtest, Du kannst doch auch mit mir sein, wir können doch auch was Cooles machen jetzt."

MS: „Wie stellen Sie sich vor, dass er reagiert?"

T: „Er hätte nein gesagt."

MS: „Was hätte es dann mit Ihnen gemacht? Was bei dem Ansatz ermuntert wird, ist, dass Sie erstmal das Bedürfnis ausdrücken, das heißt nicht, dass es immer befriedigt wird. Und wenn er dann nein sage, was würden Sie dann machen?"

T: „Ich glaube, ich hätte mich ganz schön geschämt, dass ich das überhaupt gedacht habe, dass er ja sagen könnte, also, dass ich überhaupt gefragt habe, und ich wäre voll traurig gewesen, dass er nein gesagt hat, obwohl es irgendwie auch klar war, dass er Nein sagen würde."

MS: „Was hätte Ihnen dann gut getan in der Situation?"

T: „Wahrscheinlich hätte ich geweint, denke ich, und das so lange, bis es mir wieder gut gegangen wäre, ich hätte mich super, super stark alleine gefühlt, ganz stark dafür gehasst, dass ich überhaupt gefragt habe."

MS: „Da höre ich zumindest raus, dass zu dem Traurigsein noch so ein Über-Ich dazukommt, das sagt: (wenn man es ganz hart formuliert) „Ich darf meine Bedürfnisse nicht äußern." Was würde Ihnen helfen, um da eine andere Einstellung und für Sie eine angenehmere Art zu finden, die Situation zu verarbeiten."

T: „Ich weiß nicht, ob das zählt. Ich hätte mir wieder jemanden gewünscht, der mir von außen andere Bestätigung gibt. Also, dass nicht alles so schlimm ist, sondern mich auf andere Gedanken bringt. Aber, wenn ich das jetzt so aus eigener Kraft hätte machen müssen, dann hätte ich wahrscheinlich irgendwann angefangen, mich mit was Anderem zu beschäftigen, und mich dann selbst abzulenken. Dann passt es auch wieder."

MS: „Beim Ablenken sind die Psychologen immer vorsichtig. Wenn Sie sagen, jemand anderes, was hätten Sie da gerne gehabt?"

T: „Wahrscheinlich darüber geredet, über die Situation, die da passiert ist und dann im besten Fall zu hören, nee, das war okay, dass Du das so gemacht hast. Dass Du Dein Bedürfnis geäußert hast."

MS: „Haben Sie da eine bestimmte Vorstellung, wer das sein könnte?"

T: „Ja, wahrscheinlich eine Freundin von mir."

MS: „Wenn Sie sich das so vorstellen, dass sie mit der Freundin geredet haben, die sagt jetzt, völlig in Ordnung, dass Sie das sagen und es ist auch völlig in Ordnung, dass sie traurig gewesen sind, geweint haben. Wie geht es Ihnen dann, wenn Sie sich das vorstellen?"

T: „Dann würde ich mich erleichtert fühlen, denke ich. Und dann das annehmen können, wahrscheinlich. Dass es gelaufen ist, wie es gelaufen ist, und dass das okay ist, dass er nein gesagt hat, dass es mich nicht abwertet, nur, weil er nein gesagt hat."

MS: „Ist das dann angenehmer, das Gefühl?"

T: „Ja."

MS: „Das Thema, das der Traum aufgreift, ist ja ein Thema, was Sie auch im Wachzustand beschäftigt. Ich sage dazu Über-Ich, das alles kommentiert, und wenn man was falsch macht, dann kommt die Peitsche, z. B. Bedürfnisse in diesem Kontext zu äußern ist schlecht. Wie kann man den Traum dazu benutzen, dieses Über-Ich genauer zu beleuchten, welche Sätze da rumschwirren. Um dann zu sagen: „Okay, wenn so ein Über-Ich-Satz kommt, dann mache ich was." Sie haben ja gesagt, Sie reden mit einer Freundin drüber, die Freundin hat anscheinend ein anderes Über-Ich als Sie und sagt: „Es ist alles in Ordnung." Das ist eine Sache, die im Traum nicht umgesetzt worden ist. Das kann natürlich eine Anregung für das Wachleben sein."

T: „Das ist tatsächlich sehr spannend. Ich hätte tatsächlich nicht gedacht, dass es irgendwas mit Bedürfnissen, und wie ich mit meinen Bedürfnissen umgehe, zu tun hat."

MS: „Das zweite Thema, das haben Sie gesagt, ist ein wiederkehrendes Thema. Das mit den Dämonen... Und dem Bild. Das müssen wir uns wahrscheinlich genauer anschauen, warum der Traum das Szenario gewählt hat. Hat es Ihnen leid getan, dass das Bild brennt (im Traum)?

T: „Nein, es hat mir nicht leid getan, es hat mir Angst gemacht, dass das Bild brennt."

MS: „Da haben Sie gleich einen bösen Einfluss vermutet?"

T: „Ja."

MS: „Aber irgendwie hat der böse Einfluss etwas mit Ihrem Ex-Freund zu tun?"

T: „Irgendwie war mir klar, dass das Bild wegen einem Dämon brennt. Ah, irgendwie war mein erster Gedanke, dass es wegen meinem Ex-Freund brennt. Es war aber schon klar, dass es nicht an meinem Ex-Freund liegt. Ein komischer Einfluss, den ich auch nicht ganz deuten kann. Es war irgendwie ein Zusammenhang."

MS: „Und der Dämon, wie macht der Ihnen Angst? Was an dem Dämon macht Ihnen Angst?"

T: „Ich glaube, weil das Bild so plötzlich anfing zu brennen und ich es nicht kontrollieren konnte, es war aber auch nur das Bild, das gebrannt hat, drum herum hat nichts gebrannt, und mir war auch klar, dass nur das Bild verbrennen würde und ansonsten, nichts, also nicht die Wohnung nachher in Brand gerät, also, ich weiß nicht genau, was mir daran Angst gemacht hat. Ich hatte keine Angst, um mein Leben, dass ich gleich verbrenne oder so. Das war's nicht."

MS: „Die Frage ist, was hat Ihnen Angst gemacht. Für das Verständnis der Szene könnte das weiterhelfen."

T: „Ja, wahrscheinlich, dass ich es nicht kontrollieren konnte, dass es passiert. Genau."

MS: „Der Traum versucht ja ein Szenario zu entwickeln, um ein bestimmtes Thema darzustellen. Bei dem Dämon ist es klar, dass es keine 1:1-Entsprechung gibt, zum Wachleben. Aber für Sie ist das Thema Dämon, sie haben gesagt, das kommt bei Ihnen häufiger vor, mit einem bestimmten Gefühl oder Thema verbunden. Der Dämon macht Sachen, die Sie nicht kontrollieren können."

T: „Ja, wenn ich an andere Träume denke, wo die Dämonen vorkommen, dann ist das einerseits das Nichtkontrollierenkönnen, andererseits gar nicht wissen, was passieren könnte."

MS: „Unsicherheit?"

T: „Ja, totale Unsicherheit. Manchmal sehe ich den Dämon, manchmal sehe ich ihn nicht, weiß aber, dass er da ist. Also auch so diese Machtlosigkeit, etwas, das man nicht sieht. Das sind so die Angstgefühle."

MS: „Die Frage ist: Gibt es diese Gefühle in einer kleineren Version auch im Wachzustand? Das Dämonbild, wenn Sie so sagen, nicht beeinflussen können, dass ich nichts tun kann, nicht weiß, was kommen wird. Das sind ja alles Sachen, die im Wachzustand auch vorkommen. Das sind Gefühle, die ganz normal sind. Die jeder Mensch hat, im Traum wird es nur wieder übertrieben dargestellt. D.h., beschäftigen Sie tagsüber solche Themen?"

T: „Also, ja, tatsächlich. Ich weiß nicht, ob das konkret damit zusammenhängt, aber die einzige Situation, die mir gerade einfällt, wo ich auf jeden Fall Ohnmachtsgefühle habe, ist tatsächlich mit der Trennung von meinem Ex-Freund, weil es einige Situationen gab, wo wir uns noch getroffen haben, um zum Beispiel Sachen auszutauschen. Wir haben uns auch geküsst und sind auch intim geworden miteinander, weil uns die Situationen immer dazu gebracht haben. Wir haben uns getroffen, um uns final Tschüss zu sagen, aber dann konnte man es innerhalb der Situation nicht mehr kontrollieren. Von allen meinen Freunden habe ich gehört: „Du musst dich da voll dagegen schützen." Das ist ein Thema, mit dem ich jetzt mich gerade wieder mehr beschäftige."

MS: „Das Unberechenbare ist das, was er so alles treibt."

T: „Ja, genau."

MS: „War es so, dass Sie selbst gedacht habe, dass es blöd war, dass sie das gemacht haben? Vielleicht gibt es da ein Über-Ich. Oder sind es die Freunde?"

T: „Ja, die Freunde sagen das, und ich denke, dass die Interpretation, die ich von den Situationen habe, muss falsch sein, wenn alle meine Freunde sagen: „Ah, nein." Dann habe ich das Gefühl, die Situation nicht richtig einschätzen zu können. Mir nicht vertrauen zu können, in den Situationen, in denen ich ihn doch küsse oder so.

MS: „Da kommt dann Unsicherheit rein."

T: „Ja, total."

MS: „Gehen wir zurück zum Traum. Was hätte Ihnen da geholfen? Da haben Sie ja richtige Angst erlebt, sind aufgewacht. Was hätten Sie da gebraucht?"

T: „Ich glaube, am liebsten wäre wieder rausgegangen, aus dem Zimmer, also einfach weg. Ich wusste auch, dass nur das Bild brennt und nicht mein Zimmer anfängt zu brennen. Also, ich wäre am liebsten einfach weggegangen."

MS: „Was hätten Sie gemacht dann?"

T: „Die Tür zu und mich nicht damit beschäftigt. Am liebsten. Wahrscheinlich."

MS: „Dann wissen Sie natürlich, was die Psychologen dazu sagen, Vermeidungsverhalten."

T: „Ja, total."

MS: „Der erste Impuls, da wollen Sie gar nichts damit zu tun haben. Wenn wir jetzt die Vorstellung haben, dass Vermeidungsverhalten auch Dauer nicht die optimale Strategie ist, gibt es noch weitere Ideen. Man könnte auch so fragen. Was würde Ihnen helfen, nicht vermeiden (erster Impuls) zu wollen?"

T: „Es wäre logisch gewesen wäre, das Bild zu löschen. Aber das Gefühl hatte ich im Traum gar nicht. Deswegen hatte ich auch Angst."

MS: „Im Traum ist es ganz klar, da ist die Angst so groß, dass Sie am liebsten, raus, Tür zu und nie wieder. Und jetzt überlegen Sie, Sie haben Angst, was könnte ich denn anderes tun, als rauslaufen und die Tür zu machen. Jetzt haben Sie das Löschen vorgeschlagen. Ob das funktioniert oder nicht, wissen Sie nicht. Es geht erstmal darum, Möglichkeiten durchzuspielen."

T: „Ich hätte auch einfach zugucken können, wie das Bild abbrennt. Ich wusste ja auch, dass drum rum nichts abbrennen wird. Also, einfach bleiben, ich hatte keine akute Lebensangst. Das wäre auch eine Option gewesen."

MS: „Können Sie sich das vorstellen, wie fühlt sich das an?"

T: „Also, nach Überwindung, auf jeden Fall, einfach zu bleiben. Aber, ich glaube, dass ich mich danach sehr gut gefühlt hätte."

MS: „Und wenn das Bild abgebrannt gewesen wäre, was hätten Sie dann am liebsten gemacht."

T: „Wahrscheinlich wäre ich da hingegangen und hätte geschaut, ob da noch irgendwas ist, ob die Wand warm ist oder so was in die Richtung. Ich glaube, es hätte mich interessiert. Ich habe tatsächlich das Gefühl, wenn ich da gestanden hätte, und zugeguckt hätte, dass es nicht schlimm gewesen wäre für mich. Und dass ich an der Wand nichts gefunden hätte, was mich beunruhigt. Und dass es dann okay gewesen wäre. Ich glaube, ich hätte mich gefreut, dass ich geguckt habe. Also, dass ich generell da stehen geblieben bin, und den Mut bekommen habe, da zu bleiben."

MS: „Und wenn Sie alles untersucht haben, wie würden Sie die Situation gerne abschließen?"

T: „Wahrscheinlich würde ich mein Leben ganz normal weiterleben wollen. Wahrscheinlich würde ich was zu essen kochen."

MS: „Und diese Dämonenangst wäre dann weg? Würden Sie sagen oder brauchen Sie da noch was?"

T: „Ich glaube, die wäre dann weg. Ich hätte dann auch nicht das Bedürfnis, aus der Wohnung zu fliehen, wegen des Dämons. Wenn ich so zugeguckt hätte, wie das Bild abbrennt und danach nichts an der Wand festgestellt hätte, war mir das Gefühl gibt, Du musst noch Angst haben, hätte ich keine Angst mehr gehabt dann. "

MS: „Wenn Sie jetzt noch mal zum Abschluss auf den Traum zurückschauen. Wie geht es Ihnen jetzt mit dem Traum?"

T: „Also, ich fand den Traum – deshalb habe ich ihn erzählt – schon zuvor spannend, aber ich hätte nicht gedacht, dass ich mich jetzt mehr damit identifiziere, ich habe irgendwie das Gefühl, dass ich mehr über mich lernen kann, als ich dachte. Also, gerade mit den Bedürfnissen. Das fand ich ziemlich spannend. Das wäre ich nicht … Ich glaube, ich habe den Traum ziemlich wörtlich verstanden, ich habe mir nämlich danach super Gedanken gemacht, ob ich was von meinem Mitbewohner will, ich habe den Traum wirklich sehr, sehr wörtlich genommen."

MS: „Da spricht auch nichts dagegen, ist aber anscheinend nicht der Fall."

T: „Nein, nein, das ist nicht der Fall.

MS: „Das sagt der Traum eben auch nicht, sondern dass es um das Thema Beziehungen geht und nicht um die konkrete Person, das ist – wie man modern sagt – ein Stand-In, das vom Traum ausgewählt worden ist, um einfach das Thema, man braucht praktisch einen Schauspieler, der am besten passt, den Sie kennen, mit Sie vielleicht schon viele schöne Sachen gemacht haben, und da wählt der Traum natürlich den passenden Schauspieler aus."

T: „Ja, Ja. Ich finde es spannend, auf jeden Fall, dass mein Mitbewohner als Schauspieler ausgewählt wurde, das passt auch, mit dem habe ich eine sehr, sehr gute Beziehung."

Traumarbeit 5: Der eigenen Intuition vertrauen

T (weiblich, 21 Jahre): "Es ist ein aktueller Traum, den habe ich gestern geträumt. Es hat gestartet, dass ich in einem Zug saß, es war wie eine RNV-Bahn, man konnte schon rausgucken, aber es war schneller als eine RNV-Bahn, es war eigentlich ein Zug, aber der war mit sehr viel Glas. Ich wusste schon, als ich in dem Zug drin war, dass ich irgendwas vergessen habe, aber ich wusste nicht, was ich vergessen habe, und bin dann an einen Fensterplatz gegangen, damit ich rausgucken kann, weil ich grundsätzlich immer am Fenster sitze. Und habe mich da auch relativ breit gemacht, weil der Zug sehr leer war. Da habe ich einen Vierer genommen, mich ausgebreitet, meine Sachen auf den Tisch gelegt. Und dann auf einmal, wir sind durch einen Bahnhof gefahren, habe ich jemanden, den ich kannte, draußen stehen sehen, und die Person (männlich) hat gewunken, relativ panisch. Da dachte ich halt, okay, ich winke zurück. Ich habe zurückgewunken und habe gesehen, dass die Person angefangen hat, neben dem Zug herzurennen, und ich habe verstanden, dass die Person probiert, den Zug zu bekommen. Und deshalb bin ich im Zug, der war relativ lang, dann gleichzeitig ganz nach hinten gerannt, im Zug, und habe dabei die Person immer gesehen. Und dann sind wir durch einen Tunnel gefahren, und die Person habe ich dann nicht mehr gesehen, und ich dachte, ich hätte sie verloren, bin aber weitergerannt. Dann sind wir wieder aus dem Tunnel rausgefahren, ich habe die Person oberhalb des Tunnels rennen sehen. Sie war gleich schnell wie der Zug, nur halt oberhalb des Tunnels gerannt. Und dann sind wir am Bahnhof angekommen, direkt nach dem Tunnel. Ich habe die Tür aufgehalten, also blockiert, damit die Person dort ankommen kann, und dann ist die Person dort auch angekommen und hat mir einen Zettel hingehalten, den ich vergessen habe. Die Person wollte gar nicht in den Zug. Ich war relativ verwirrt, weil ich nicht wusste, was für ein Zettel das ist, aber ich wusste schon, als ich den Zettel bekommen habe, dass es das ist, was ich vergessen habe, und wollte mich dann bedanken, und habe die Person gefragt, ob ich sie umarmen darf. Die Person kenne ich über mein soziales Engagement. Mit ihm arbeite ich da auch relativ viel zusammen, aber es ist nicht so, dass wir abgesehen davon, closer (enger) befreundet sind, sondern eher freizeit-/arbeitsmäßig. Wir machen dort schon viel zusammen, privat eigentlich nicht. Und er sagte: „Ja, können wir schon machen." Dann habe ich ihn umarmt und wollte damit meine Dankbarkeit ausdrücken. Die Person hat es gar nicht zugelassen, so richtig, dass ich sie umarmen konnte. Da war ich richtig traurig. Und, ich habe mir gewünscht, dass es mein Mitbewohner wäre, weil er meine Dankbarkeit jetzt erwidern könnte und zulassen könnte. Das hat alles relativ lange gedauert. Tatsächlich habe ich auf einem Schild im Bahnhof gesehen, dass es schon 3 Minuten 18 Verspätung waren. Und in diesen 3 Minuten 18 hat sich dieser Zug total gefüllt. Er war auf einmal, plötzlich, richtig, richtig voll. Die Person ist dann wieder ausgestiegen, nicht mit reingekommen. Er wollte auch nicht einsteigen, und ich bin dann zurück an meinen Platz gegangen, ich habe mich da durchgekämpft, der Zug war ja jetzt richtig voll. Zurück an meinem Platz, war der Vierer jetzt auch besetzt, da saßen überall Leute, aber ich hatte meine Sachen überall dort liegen. Und die haben dann schon ganz genervt geguckt, die waren richtig unglücklich, und ich hatte auf meinem Platz ein richtig großes Buch liegen, wo drauf stand: „Der einzige Weg in den Kopf geht durch die Meditation". Das Buch (ich besitze kein solches Buch) habe ich relativ schnell versucht zu verdecken und meine Sachen irgendwie zusammenzupacken. Aber ich saß ja am Fenster, deswegen musste ich über eine andere Person drübergreifen und die war sehr genervt davon. Und dann kann ich mich nicht mehr erinnern. Es war mir auf jeden Fall sehr peinlich."

MS: „Was war an der Handlung peinlich?"

T: „Ich weiß nicht, ob die anderen im Zug das wussten, aber ich war für die Zugverspätung verantwortlich, dass wir 3 Minuten 18 Verspätung hatten, weil wir in der Tür standen. Dann war der Zug auf einmal so voll und ich habe mich so breitgemacht, weil's davor leer war. Und die Menschen hatten das als sehr unhöflich empfunden, dass ich mich so breitgemacht habe. Und generell meinen Platz verlassen habe, obwohl der Zug ja voll ist. Weil eigentlich bleibt man da."

MS: „Wenn Sie den Traum so anschauen. Was würden Sie sagen, welche Themen stecken da so drin?"

T: „Ich weiß nicht so genau, ob es mit W. (Person aus dem Traum) zu tun hat, mit einer Art von emotionaler Unsicherheit. Weil ich unsicher war und weil die Person die Dankbarkeit, die ich zeigen wollte, nicht erwidern konnte. Und mir dann gewünscht hätte, dass es mein Mitbewohner ist, weil er es annehmen könnte. Vielleicht ist es den Traum zu wörtlich genommen, vielleicht Unsicherheit in Bezug auf andere Menschen. Die Person hat sehr viel für mich getan, ist hinter dem Zug hergerannt, für mich. Und ich hatte das Gefühl, dass ich das nicht zurückgeben kann. Also, weil die Person das nicht zugelassen hat."

MS: „In dem Traum sind möglicherweise zwei Themen enthalten, das mit dem Bedanken, dass Ihr Dank nicht so angenommen wird, wie sie das möchten. Das Zweite ist ja, dass andere Sie für etwas verantwortlich machen und Sie das Gefühl der Peinlichkeit haben. In den beiden Situationen hat etwas nicht so geklappt, wie sie sich es gewünscht hätten.

T: „Ja, das stimmt."

MS: „Wenn Sie dieses Gefühl der Frustration anschauen, wenn Sie etwas wollen und die Person zieht nicht so mit. Gibt es das aktuell in Ihrem Wachleben? Nicht direkt bezogen auf W., sondern bezogen auf dieses Muster."

T: „Ja, schon, an mehreren Stellen so ein bisschen. Ich habe zum Beispiel einen Freund, mit dem ich superviel telefoniere, aber bei dem ich ganz häufig das Gefühl habe, dass er mir nicht die passende Art von Unterstützung bieten kann, die ich suche. Er gibt eher Ratschläge, anstelle von emotionalem Trösten. Darüber sprechen wir auch, er hat grundsätzlich Probleme, mir emotionale Unterstützung zu geben, und darüber haben wir vor kurzem gesprochen, es könnte sein, dass es damit zusammenhängt."

MS: „Wie erleben Sie das, wenn Sie emotionale Unterstützung wollen und diese von ihm nicht kriegen?"

T: „Total frustrierend. Weil das eine Person ist, die eine relativ große Rolle in meinem Leben spielt. Und gespielt hat. Wir kennen uns schon sehr lange. Aber, es war von Anfang an schon so gewesen, dass es emotional nicht 100% auf Augenhöhe war, was wir geben können, was wir haben möchten. Das zieht sich schon lange durch, er sagt, dass er es besser machen will. Ich fühle mich manchmal voll doof, wenn ich ihn kritisiere. Oder das einfach anspreche, weil er das dann immer sehr persönlich nimmt, die Kritik und sich da angegriffen fühlt, weil er das Gefühl hat, dass er da ein Defizit hat, weil er da nicht emotional mithalten kann. Aber, es ist so was Grundlegendes, dass ich manchmal das Gefühl habe, sein ganzes Wesen zu kritisieren. Ich möchte nur zum Ausdruck bringen, dass ich nicht das bekomme, was ich brauche. Das zieht sich voll durch. Immer, wenn ich ihm was erzähle, bekomme ich nicht das, was ich brauche. Und deshalb erzähle ich ihm auch immer weniger, vor kurzem haben wir länger telefoniert und das auch angesprochen. Soll ich noch weitere Situationen ansprechen?"

MS: „Ja, der Traum zeigt, dass dieses Thema wichtig ist und es wahrscheinlich mehrere Bereiche gibt, in denen es eine Rolle spielt. Das ist die Idee, der Traum bezieht sich nicht auf eine ganz spezielle Situation, sondern auf das Thema im Allgemeinen."

T: „Ich habe beim letzten Mal erzählt, dass ich wieder angefangen habe, zu daten. Und da auch jemanden kennen gelernt habe, mit dem es eigentlich ganz gut läuft. Aber das ist, es ist eine Poly-Person, polyamourös, er hat tatsächlich schon eine Freundin. Und diese Freundin hat auch eine Freundin. Und er sucht sich gerade auch noch eine zweite Freundin, weil er auch gemerkt hat, dass er Gefühle für mehrere Personen haben kann. Mit der Person verstehe ich mich aber richtig, richtig gut. Wenn wir uns treffen, ist es richtig spitze. Aber da habe ich das Gefühl, dass ich nicht alles bekomme, was ich suche– was auch verständlich ist, er hat ja schon eigentlich eine Freundin – Polybeziehungen auf Augenhöhe bekommen, dass man gleich viel Zeit für die einzelnen Menschen hat ist schwierig. Und ich habe auch das Gefühl, ich gebe da relativ viel rein, z. B. bei der Terminfindung, dann sagt er ab, weil er da schon was mit seiner Freundin macht."

MS: „So die praktische Seite ist nicht so einfach."

T: „Ja. Ich habe auch viel Angst davor, das schwächere Glied in der Kette zu sein, und dann irgendwie rausgestrichen zu werden, weil man ja erst später dazukommt. Dass ich mich jetzt voll verliebe, aber er sich gar nicht verlieben kann, weil er schon seine Freundin hat und die priorisiert."

T: „Die letzte Situation, die mir noch einfällt, wo dieses Thema, emotional nicht auf dem gleichen Stand zu sein oder irgendwie was von der Person zu wollen, was sie nicht zurückgeben kann. Ein grundlegendes Thema, mein Ex-Freund. Der hat damals Schluss mit mir gemacht, was auch schon im September war, wir haben uns danach noch ein paar Mal getroffen, an sich ist es immer die Dynamik gewesen, dass er deutlich weniger von mir wollte, als ich von ihm. Wir haben uns letzte Woche auf einem Geburtstag getroffen, und auch da habe ich gemerkt, dass ich super gerne Kontakt suchen möchte, habe aber auch gemerkt, dass er sich mit allen anderen ganz, ganz spitze verstanden hat und überhaupt nicht Kontakt gesucht hat. Es war gut für mich, dass ich mich da zurückgewiesen gefühlt habe."

MS: „Da ist eine klare Grenze, der andere will nicht."

T: „Ja."

MS: „Wenn Sie auf die Traumsituation schauen, was hätte Ihnen geholfen (eine aktive Sache haben sie schon gemacht, sie haben erstmal gefragt, ob es in Ordnung ist)"

T: „Vielleicht hätte es geholfen, ihn nicht zu umarmen, die Antwort war schon nicht superenthusiastisch."

MS: „Haben Sie es gespürt."

T: „Beim Umarmen habe ich es gespürt, rückblickend hätte man das aus der Antwort lesen können."

MS: „Gehen wir zurück in den Traum. Was brauchen Sie, wenn Sie merken, dass es mit der Umarmung nicht klappt?"

T: „Im Traum hatte ich das Gefühl, dass ich jemanden brauchen könnte, den ich umarmen kann wie ich es jetzt gerade wollen würde. Dann war ich traurig, dass es gerade nicht mein Mitbewohner ist, den ich umarme."

MS: „Das könnte man als Flucht in die Wunschvorstellung bezeichnen. Wie können Sie es praktisch im Traum umsetzen? Diesen Wunsch nach emotionaler Unterstützung."

T: „Wenn mir das im echten Leben passiert wäre, hätte ich gesagt: „Sorry, ich wollte nicht übergriffig sein. Ich hoffe, das ist okay für dich. In der Hoffnung, dass die Person dann sagt: „Ne, alles gut. Ich bin gerade heute nur ein bisschen abwesend." Dass mir die Person eine Erklärung gibt, eine verbale Erklärung gibt, warum sie die Umarmung gerade nicht so erwidern konnte, wie ich es mir gewünscht hätte. Das hätte ich auch im Traum machen können, das hätte mir dann geholfen. Wahrscheinlich hätte es mir auch geholfen, wenn die Person gesagt hätte: „Sorry, ich will dich aber nicht so umarmen, wie du mich gerade umarmen wolltest." Ich brauch das häufig, dass ich zwischenmenschliche Sachen ausgesprochen bekomme, damit ich darüber reden kann."

MS: „Können Sie sich vorstellen, wie W. reagiert hätte (aufs Ansprechen)?"

T: „W. ist eine Person, die sehr umgänglich ist, der würde niemals sagen, dass er irgendwas nicht mochte. Ich denke, er hätte gesagt: „Ah nein, alles gut." Aber ich hätte gespürt, dass es nicht so ist. Mit W. wäre es nicht so super zielführend gewesen, darüber zu sprechen. Weil ich das Gefühl habe, dass er sich nicht getraut hätte, es zu sagen, dass er es eigentlich nicht will. Aber ich habe es gespürt, dass er nicht will. Ich möchte eine klare Aussage, der ich auch vertraue. Das wäre von W. nicht gekommen."

MS: „Dann ist die nächste Frage: Wenn Sie das nicht bekommen, diese klare Aussage, was brauchen Sie dann für sich, um mit dieser unklaren Situation klarzukommen?"

T: „Das ist voll die gute Frage. Mein erster Instinkt dazu ist, anderen Menschen die Situation zu erzählen, und von denen dann die Bestätigung zu kriegen."

MS: „Wir gehen mehrere Möglichkeiten durch."

T: „Vielleicht das für mich selbst zu rationalisieren. Mir sagen würde, dass es okay ist, dass er das so nicht sagen kann, aber dass ich meinem Gefühl vertrauen kann, dass ich für mich alleine klarkomme, aber ich glaube, das wäre sehr schwer gewesen. Am besten wäre es gewesen, mit jemandem zu reden, der W. auch kennt, der mir dann geholfen hätte, die Situation einzuschätzen. Um mir zu sagen, ob das okay war, dass ich ihn umarmt habe oder nicht. Ob er das grundsätzlich will oder nicht."

MS: „Da ist ein bisschen die Befürchtung, sich selbst so zu trauen."

T: „Ja."

MS: „Gibt es etwas, was es verstärken könnte, dass sie einfach sagen, es ist so. Der hat es nicht gewollt, ich habe es gemacht, so ist es halt."

T: „Ich wüsste nichts."

MS: „Warum brauchen Sie jemand anderen, der sagt, dass es okay war? Was macht es für Sie so wichtig, dass jemand anderes das sagt?"

T: „Ich glaube, dass ich mir dann sicher sein kann, dass es richtig ist. Ich funktioniere grundsätzlich, ganz dolle über externe Bestätigung. Viele Entscheidungen, die ich treffe, spreche ich auch mit anderen Menschen durch, auch zwischenmenschliche Sachen. Es ist eine Sache, an die ich mich gewöhnt habe, dass es da auch häufig Sachen gibt, die ich irgendwie einschätze, und meine Freunde sagen: „Nee, auf gar keinen Fall mach das so, auf gar keinen Fall." Weswegen ich manchmal das Gefühl habe, dass ich es selbst nicht kompetent genug einschätzen kann. Und so das Feedback von außen brauche oder mir wünsche."

MS: „In den letzten zwei Wörtern liegt der Unterschied, das Brauchen oder Wünschen. Wenn ich Sie richtig verstanden habe, hatten im Traum Sie eine klare Einschätzung."

T: „Ja, das stimmt."

MS: „Was ich nicht nachvollziehen kann, ist, warum Sie jemanden brauchen, der sagt, dass das was Sie im Traum gefühlt haben (z. B. Frust), so in Ordnung war. Im Traum ist es recht klar. Sie haben es so wahrgenommen, wie es ist. Da war keine Unsicherheit oder Unklarheit."

T: „Das stimmt. Das ist eine spannende Frage. Ich glaube trotzdem, dass es eher das Gefühl ist, dass ich das brauche, als das ich mir es wünsche. Dementsprechend wünsche ich es mir, weil ich denke, dass ich es brauche. Ich glaube, es ist die Angst, es alleine nicht richtig einschätzen zu können, obwohl ich es in der Situation richtig wahrgenommen habe."

MS: „Ich kann noch nicht so richtig nachvollziehen, woher diese Angst kommt."

T: „Da glaube ich tatsächlich, dass es relativ viel mit dem Ende meiner Beziehung zu tun hat. Weil da war es ganz häufig so, dass ich Freunden Sachen erzählt habe, die zwischen uns passiert sind und die dann gesagt haben: „Nein, Du bist total verblendet, das darfst Du auf keinen Fall so sehen."

MS: „Und das hat Sie dann verunsichert."

T: „Ja, total. Weil ich da ein bisschen das Gefühl entwickelt habe, dass ich gerade in Bezug auf Situationen mit ihm, nicht auf meine Gefühle in der Situation vertrauen kann. Das ist schon eine Sache, die mich auch im Wachleben relativ lange beschäftigt hat. Es ist ziemlich doof, wenn man in der Situation etwas als komplett unproblematisch einschätzt und dann alle Freunde drum herum sagen: Nein, nein. Das ist total problematisch. Deshalb die Unsicherheit."

MS: „Zurück zum Traum. Was brauchen Sie, wenn Sie frustriert sind. Könnte es sein, dass die Bestätigung durch andere den Zweck hat, das Gefühl des Schmerzes (es tut weh, frustriert zu werden) abzuschwächen. Brauchen Sie emotionale Unterstützung?"

T: „Ich glaube, die Bestätigung meiner Gefühle und die emotionale Unterstützung sind für mich ganz, ganz häufig das Gleiche. Für mich gehört der Beisatz, Du hast es richtig eingeschätzt, zur emotionalen Unterstützung dazu. Dass die Person sagt, mir wäre es in der Situation auch so gegangen."

MS: „Wie gehen Sie mit sich um, wenn Sie frustriert sind?"

T: „Meine Erwartung ist schon, wenn ich mit anderen darüber spreche, dass sich solche Gefühle auflösen."

MS: „Die eine Lösungsstrategie, Feedback von anderen einzuholen, funktioniert nicht immer, was gibt es noch für andere Möglichkeiten?"

T: „Ideal wäre es natürlich, wenn ich das mit mir selbst ausmachen könnte, und meine eigenen Werte für mich klar hätte, und mir sagen könnte, nach diesen Werten hast Du in der Situation gehandelt, du hast gefragt, …"

MS: „und auch gespürt."

T: „Genau, dass ich mir halt selbst die Bestätigung geben kann und für mich selbst da sein, aber, ich glaube, das ist schwierig."

MS: „Der Traum greift dieses Thema auf. Wenn Sie in einer solchen Situation stecken, dann hätten Sie gerne jemanden, der sagt, dass haben Sie richtig gemacht. Und möglicherweise weist der Traum darauf hin, dass es nicht die einzige Strategie ist. Dass da vielleicht noch eine andere Strategie notwendig ist."

T: „Stimmt."

MS: „In der zweiten Situation haben Sie nicht gefragt, was die anderen denken."

T: „Die haben genervt geguckt, ich war im Fokus, diejenige, die den Platz blockiert."

MS: „Die Frage ist, was macht man in einer solchen Situation."

T: „Ich glaube schon, dass man sich in einer solchen Situation entschuldigt, sagt: „Oh sorry, ich wollte den Platz nicht blockieren, ich hoffe, es hat Sie nicht gestört." Das hätte ich im echten Leben gemacht, zumindest. Dann wäre es für mich auch fein gewesen."

T: „Es ist für mich wichtig, es anzusprechen."

MS: „Das habe ich verstanden, das ist auch wichtig. Die Frage ist nur, wenn das nicht funktioniert, was ist Plan B."

T: „Ich glaube, Sie haben auch gemerkt, das ist ein Thema, das mich beschäftigt. Ich habe gar nicht damit gerechnet. Schon so ein bisschen, als Sie am Anfang gefragt haben, was so die Themen sind."

MS: „Es ist ein tieferes Thema, was tatsächlich so ein Grundthema von Ihnen ist."

T: „Ja."

MS: „Das ist gerade das Schöne an den Träumen, dass sie sagen: Okay, da ist ein Grundthema, jetzt schaue Dir das mal genauer an. Das ist das, was die Träume bieten. „Das ist ein wichtiges Thema, jetzt geh mal da ran."

Traumarbeit 6: Das Bedürfnis nach Rückzug

T (weiblich, 28 Jahre): „Diese Toilettenträume, ich habe mich mit ein paar unterhalten, das haben wirklich viele, unabhängig davon, ob man in echt aufs Klo muss oder nicht. Es kann ja auch sein, dass man aufwacht und man muss aufs Klo, vielleicht liegt es daran. ... Die sind jetzt nicht extrem belastend, aber während des Traums ist es sehr unangenehm. Und das träume ich richtig oft. Der Traum, den ich jetzt vor einer Woche hatte, war, dass ich auf einem Schiff bin und das

Klo ist draußen an der Reling, und das war auch so hoch, dass man sich nicht einfach hinsetzen konnte, sondern so hoch musste, das war ganz komisch, weil ich wusste, jetzt gucken mich die Leute an, es ist eine total komische Position, in der ich aufs Klo gehen muss. Es war nur eine Kloschüssel; die stand da, ganz komische Form gehabt. Ich glaube, es waren sogar zwei nebeneinander, in dem Traum fand ich das wieder einmal so komisch, warum das an so einem Ort sein muss.

MS: „In dem Traum ist es Ihnen schon aufgefallen."

T: „Ja, es ärgert mich oft."

MS: „Und jetzt in dem Traum …"

T: „In dem Traum habe ich mich auch geärgert, es war unangenehm das Gefühl, und … Ich glaube, das Gefühl, entblößt zu sein, hatte ich nicht so stark, eher die Verwirrung, dass es an einem Ort ist, wo normalerweise keine Klos stehen. Ich glaube, ich habe dann auch versucht, aufs Klo zu gehen, dass ich die Hose runtergezogen habe, und versucht habe, mich draufzusetzen, an mehr kann ich mich nicht erinnern."

MS: „Das Grundmuster des Traumes ist, dass Sie was wollen, was schwierig oder gar nicht umsetzbar ist. Es ist ganz klar, dass es kein Thema ist, was 1:1 aus dem Wachleben, kommt, sondern es geht um die Gefühle. Der Traum wählt ein Bild, um bestimmte Gefühle besonders deutlich darzustellen. Und Sie haben gesagt, dass es ein Gefühl war, dass Sie so verwirrt sind."

T: „Ja."

MS: „Das heißt, es ist so das Gefühl da, a) es ist alles irgendwie komisch, wenn ich was will, ein ganz natürliches Bedürfnis, nämlich auf die Toilette zu gehen, dann wird es schwierig. Die Bedürfnisbefriedigung wird durch äußere Umstände verhindert."

T: „Genau. Ja."

MS: „Das ist also das Grundmuster. Die Frage, die sich da anschließt, wie sieht es aktuell mit der Bedürfnisbefriedigung im Wachleben aus? Es geht nicht um das Bedürfnis, auf die Toilette zu gehen, sondern möglicherweise andere Dinge, so Sie sagen, das klappt aktuell nicht so, wie ich das haben will. Das ist die Idee, dass der Traum ein Thema aufgreift, das plastisch darstellt. Im Traumszenario ist es so, dass, wenn man dieses Bedürfnis nicht befriedigt, dann kann es in die Hose gehen. Im wahrsten Sinne des Wortes. Das heißt, das Grundthema ist dramatisiert dargestellt. Bei anderen Dingen, sich zu entspannen, einem schönen Hobby nachgehen oder irgendwas Anderes, da ist es nicht so schlimm, wenn man das mal hintenanstellt. Aber im Traum wird es dramatisiert: Es ist wichtig, dieses Bedürfnis zu befriedigen. Wenn Sie jetzt so in Ihrem Wachleben gucken, gibt es da Bedürfnisse, die aktuell zu kurz kommen?"

T: „Was vielleicht sein könnte, dass ich auf meine Bedürfnisse selbst nicht achte. Zum Beispiel das Bedürfnis nach Pause, Bedürfnis nach Rückzug, oder Bedürfnis nach sozialen Kontakten, zum Beispiel, das könnte sein. Genau, dass ich mir das selbst vielleicht gar nicht erlaube. Was aber auch gut passen würde, weil Sie meinten, das wird mir im Außen verwehrt, ich vielleicht ganz oft das Gefühl habe, andere verstehen mich nicht, oder nehmen meine Probleme nicht ernst, oder können sich nicht in mich hineinversetzen. Einfach nur vom Gefühl her, vielleicht meine Eltern. Ich bekomme so von außen gespiegelt, man versteht mich nicht, so habe ich Angst vor Zurückweisung, dass wenn ich nicht genau die gleichen Themen habe, dass ich nicht so bin wie anderen, dass ich dann zurückgewiesen werde."

MS: „Haben Sie bestimmte Bedürfnisse, die von anderen nicht verstanden werden?"

T: „Ja, das Gefühl, dass ich manchmal denke, ich bin so introvertiert, und, die eher extravertiert sind, verhalten sich auf eine bestimmte Weise, und ich denke, dass ich es auch tun muss, um gesellschaftlich anerkannt zu werden. Aber, ich kann jetzt auch nicht sagen, ob der Traum das widerspiegelt. Aber das ist ein Bedürfnis, was ich hatte und immer noch habe. Früher vielleicht häufiger als heute."

MS: „Wie würden Sie das Bedürfnis beschreiben.? Die Angst, dass Sie, wenn Sie nicht so wie der Mainstream sind, ..."

T: „Ja, ich habe manchmal Angst, dass es mir in einer bestimmten sozialen Situation zu viel wird, oder keine Lust darauf habe, oder lieber alleine wäre, dann habe ich Angst, dass dieser Mensch, die Freunde mich dann ablehnen. Es passiert zwar nicht, aber die Angst ist da."

MS: „Das Bedürfnis, dass da in Konflikt gerät, ist praktisch, das Bedürfnis nach Ruhe oder für sich sein, gepaart mit der Befürchtung, dass die anderen das nicht so positiv sehen."

T: „Ja, aber immer auch, dass ich mich selber akzeptiere."

MS: „Ich habe nur ein bisschen schmunzeln müssen, weil es den Ausdruck im Umgangssprachlichen gibt, dass man sich auf das Örtchen zurückzieht."

T: „Ah, ja, stimmt. Also, ich habe nicht so das Gefühl, geschützt zu sein, im Traum."

MS: „Sie haben auch gesagt, dass da ein bisschen Wut dabei ist."

T: „Also, ich bin jetzt auch ganz generell kein Mensch, der Wut zeigt. Im Traum spüre ich die Wut."

MS: „Das ist das Interessante an den Träumen, die verstärken die Emotionen."

MS: „Wir kommen dann gleich zum zweiten Schritt. Viele Leute denken, dass sie einen Toilettentraum haben, weil sie – wenn sie aufwachen – auf die Toilette müssen. Es ist eine einfache Erklärung. Das Hauptproblem ist, dass man beim Aufwachen immer einen Toilettentraum haben müsste, die Blase ist nachts voll, und die meldet sich schon früher. Es ist tatsächlich so, wenn man nachts aufwacht, dass man fast immer auf die Toilette muss. Die Blase, ab 20 bis 30% Vollsein meldet sie sich, und wenn man weiter schläft merkt, man es einfach nicht. Aber zurück zu ihrem Traum. Die zweite Idee ist, einfach zu schauen: Was brauchen Sie im Traum, um Ihr Bedürfnis zu befriedigen?"

T: „Naja, am einfachsten wäre es, wenn ich eine Toilette finden wäre, die besser wäre, die ich mir so als perfekte Toilette vorstellen würde, also wo ich meine Ruhe habe, also wo ich, wenn meine Blase voll ist, da braucht man nicht so lange, wo man sich trotzdem geschützt fühlt und nicht von anderen Leuten gesehen wird."

MS: „Die Idee ist praktisch, dass Sie sich ganz konkret vorstellen, sie sind jetzt da an der Reling, was machen Sie jetzt als nächstes? Wie kommen Sie da hin?"

T: „Ich sehe die Toilette, die sieht ganz komisch aus, und dann denke ich mir, das ist nicht die richtige Toilette, vielleicht kann ich auch jemanden fragen, ob es noch eine andere Toilette gibt. Und dann laufe ich den Weg zu einer richtigen Toilette, die sauber und gebrauchsfertig ist. Diese ist auf jeden Fall im Schiff drin. Es wackelt auch nicht, es ist total stabilisiert, ein großes, und helles Schiff."

MS: „Und dann gehen Sie auf die Toilette?"

T: Ja, genau, dann gehe ich auf die Toilette, ganz normal. Und dann kann ich da vielleicht auch meine Hände waschen, mit einer schönen Seife, und dann ist das ein Spiegel, der schön aussieht. Ja, und dann kann ich da wieder rausgehen und die Tür zumachen. Und dann ist es fertig. Dann belastet es nicht mehr."

MS: Wenn Sie das auf das Wachthema beziehen, dann gibt es die Frage, wenn Ihnen das Befriedigen des Bedürfnisses nach Sicherheit (gute Toilette) im Traum hilft, gibt es im Wachzustand auch etwas, was Ihnen mehr Sicherheit bzgl. Ihres Bedürfnisses, z. B. sich zurückzuziehen, was für sich zu machen, verleihen würde.

T: „Bestätigung gibt mir Sicherheit. Zum einen von Personen, die auch so sind wie ich, die auch so die gleichen Interessen haben oder gleiche Probleme haben, gleiche Vorstellungen haben, dass ich da weiß, ich bin nicht alleine. Ich bin nicht die Einzige, und, ja, ich fühle mich dann verstanden, zum Beispiel. Das hilft mir."

MS: „Gibt es da eine Person? Ich bin so ein bisschen am Überlegen, ob man was Praktisches da rausziehen kann. Es praktisch vielleicht Sinn macht, mit einer solchen Person über den Traum zu reden. Sie haben ja schon mal erzählt, dass Sie über die Träume geredet haben oder einfach über das Bedürfnis zu sprechen."

T: „Ja, doch, das habe ich schon, mit einer neuen Freundin, die ich noch nicht so lange kenne, und da sind ganz viele Gemeinsamkeiten. Ja, und mit meiner Mitbewohnerin auch. Mit ihr kann ich auch darüber reden, wir sind uns auch ähnlich."

MS: „Der Toilettentraum kehrt immer wieder, weil es ein wichtiges Thema ist. Dann schaut man sich an, welches Thema hängt mit dem Traum zusammen, wenn man das Thema angeht, wird der Traum relativ schnell verschwinden."

T: „Das wäre natürlich super."

8 | Schlussbemerkungen

Die Herangehensweise an das Arbeiten mit Träumen, die im Buch vorgestellt wurde, hat Ihnen hoffentlich gezeigt, dass Sie selbst ohne Rat von außen mit den eigenen Träumen arbeiten können. Denn das geht auch ganz ohne psychoanalytische Theorien oder im Internet nach Traumsymbolen zu suchen. Die Erlebnisse im Traum selbst geben die Hinweise darauf, welche Themen Sie aktuell beschäftigen und was Sie mithilfe der Träume für die Zukunft lernen können. Sie selbst werden nun Expertin ihrer eigenen Träume. Falls Sie noch mehr Informationen zum Thema Traum haben wollen, sind einige Möglichkeiten im Abschnitt „Ressourcen" aufgeführt.

Bei den Vorarbeiten zum Buch war ich selbst überrascht, wie gut das Arbeiten mit den Träumen (Beispiele in Kapitel 7) geklappt hat. Hier nochmals ein herzlicher Dank an die Träumerinnen, für ihre Bereitschaft und Offenheit. Die Bespiele sind „echte" Träume, nicht speziell ausgewählt oder für das Buch angepasst. Es wurden kleine Veränderungen (minimal) vorgenommen, um die Identität zu schützen. Doch der Prozess lief genauso ab, wie er in Kapitel 7 beschrieben ist. Die Kunst war es, das aufgezeichnete Gespräch in Schrift zu fassen, da bei einem intensiven Gespräch Sätze nicht vollständig sind oder die Bedeutung nur im Kontext komplett klar wird. Für mich war die Beibehaltung der Authentizität der Traumarbeit sehr wichtig; aus meiner Sicht (und aus der Sicht der Träumerinnen) ist es gut gelungen.

Für mich selbst sind Träume eine wertvolle Bereicherung meines Alltags, fast jeden Morgen gibt es neue spannende Geschichten.

Ich wünsche Ihnen viel Freude bei der Beschäftigung mit Ihren eigenen Träumen.

Quellen

Arnulf, I., Grosliere, L., Le Corvec, T., Golmard, J.-L., Lascols, O., & Duguet, A. (2014). Will students pass a competitive exam that they failed in their dreams? Consciousness and Cognition, 29, 36-47. https://doi.org/10.1016/j.concog.2014.06.010

Faraday, A. (1985). Deine Träume - Schlüssel zur Selbsterkenntnis (Org.: The dream game 1974) Fischer Taschenbuch.

Gackenbach, J., Darlington, M., Ferguson, M.-L., & Boyes, A. (2013). Video game play as nightmare protection: A replication and extension. Dreaming, 23(2), 97-111. https://doi.org/10.1037/a0032455

Garfield, P. L. (1980). Kreativ träumen (Creative dreaming 1974). Knaur Esoterik Taschenbuch.

König, N., Heizmann, L. M., Göritz, A. S., & Schredl, M. (2017). Colors in dreams and the introduction of color TV in Germany: An online study. International Journal of Dream Research, 10, 59-64. https://doi.org/10.11588/ijodr.2017.1.34577

Lal, S., & Whorwell, P. J. (2002). What do patients with irritable bowel syndrome dream about? A comparison with inflammatory bowel disease. Digestive and Liver Disease, 34, 506-509.

Pietrowsky, R., & Thünker, J. (2015). Ratgeber Alpträume - Informationen für Betroffene und Angehörige. Hogrefe.

Schredl, M. (2008). Dream recall frequency in a representative German sample. Perceptual and Motor Skills, 106, 699-702. https://doi.org/10.2466/pms.106.3.699-702

Schredl, M. (2010). Nightmare frequency and nightmare topics in a representative German sample. European Archives of Psychiatry and Clinical Neuroscience, 260, 565-570. https://doi.org/10.1007/s00406-010-0112-3

Schredl, M. (2019). Typical dream themes. In K. Valli & R. J. Hoss (Eds.), Dreams: Understanding biology, psychology, and culture - Volume 1 (pp. 180-188). Greenwood.

Schredl, M., Bailer, C., Weigel, M. S., & Welt, M. S. (2020). Dreaming about Dogs: An Online Survey. Animals, 10(10), 1915. https://doi.org/10.3390/ani10101915

Schredl, M., & Blagrove, M. (2021). Animals in Dreams of Children, Adolescents, and Adults: The UK Library Study. Imagination, Cognition and Personality, 41(1), 87-104. https://doi.org/10.1177/0276236620960634

Schredl, M., Bohusch, C., Kahl, J., Mader, A., & Somesan, A. (2000). The use of dreams in psychotherapy: A survey of psychotherapists in private practice. Journal of Psychotherapy Practice and Research, 9, 81-87.

Schredl, M., Coors, J., Anderson, L. M., Kahlert, L. K., & Kumpf, C. S. (2023). Work–life balance in dreams: Frequency and emotional tone of work-related and hobby-related dreams. Journal of Sleep Research, 32(2), e13674. https://doi.org/10.1111/jsr.13674

Schredl, M., Dreer, J., Mösle, A., Rall, M., Rauch, L., Rose, S., & Seuffert, S. (2019). Voice-recorded vs. written dream reports: A research note. International Journal of Dream Research, 12(1), 138-140. https://doi.org/10.11588/ijodr.2019.1.58801

Schredl, M., & Erlacher, D. (2007). Self-reported effects of dreams on waking-life creativity: An empirical study. Journal of Psychology, 141, 35-46. https://doi.org/10.3200/JRLP.141.1.35-46

Schredl, M., & Mönch, J.-H. (2023). Dreaming of God and the Role of Faith in Everyday Life: An Empirical Study. Pastoral Psychology, 72(4), 469-478. https://doi.org/10.1007/s11089-023-01083-x

Schredl, M., & Piel, E. (2006). War-related dream themes in Germany from 1956 to 2000. Political Psychology, 27, 299-307.

Ressourcen

Podcast rund um das Thema Traum (Traumkiste)

Der Podcast beinhaltet Gespräche von Simon Heese (einem früheren Kollegen) und mir über alle möglichen Aspekte der Träume: Was sind Träume? Welche Funktion haben sie? Wie ist das mit der Traumerinnerung? Aber auch ganz konkrete Traumthemen wie Flug- und Fallträume, erotische Träume, Zahnausfall und Alpträume werden besprochen.

Alle Folgen finden Sie auf: https://traumkiste.net

Alpträume

Wenn Sie mehr zu Alpträumen und der Behandlung von Alpträumen wissen wollen, können Sie das Faltblatt der AG Traum der Deutschen Gesellschaft für Schlafforschung und Schlafmedizin (DGSM) herunterladen.
Auf dem Youtubekanal der Universität Düsseldorf (HHU) finden Sie ein Kurzvideo (ca. 20 Minuten) mit allen wichtigen Information rund um das Thema Alptraum

Link zum Video:
https://www.youtube.com/watch?v=vCErjygERrk

Link zum Faltblatt:
https://www.dgsm.de/fileadmin/dgsm/Arbeitsgruppen/traum/Alptraeume_Was_kann_ich_dagegen_tun.pdf

Traumforschung

In den letzten Jahren haben die Aktivitäten im Bereich der Traumforschung stark zugenommen. Wenn Sie einen Einblick in dieses Gebiet bekommen möchten, können Sie auf die folgende Website zugreifen. Hier finden Sie öffentlich zugängliche Artikel zu allen Gebieten der Traumforschung.

Link zum International Journal of Dream Research (Host: Universitäts-
bibliothek Heidelberg):
https://journals.ub.uni-heidelberg.de/index.php/IJoDR/index

Kontakt:

Wenn Sie Fragen oder Anregungen haben, können Sie sich gerne an
mich wenden.

Email: Michael.Schredl@web.de